Beyer/Otta

So lernen Schüler leichter

Günther Beyer
Renate Otta

So lernen Schüler leichter

Freude am Lernen durch Gedächtnis- und Konzentrationstraining

Econ Verlag
Düsseldorf · Wien

9.–14. Tausend Dezember 1976

Zeichnungen: Anke Schmitz, Brüssel
Umschlaggestaltung: Ursula + Peter J. Kahrl, Leverkusen
Gesetzt aus der 10 Punkt Akzidenz-Grotesk Buch der Berthold AG
Satz: Aske+Kleine-Möllhoff GmbH, Hattingen
Druck und Bindearbeit: Mohndruck, Gütersloh
Printed in Germany
ISBN 3 430 11327 X

Inhalt

Sehr verehrte Eltern!

Versagen in der Schule, Angst vor Klassenarbeiten, Arbeitsunlust, Gefährdung der Versetzung oder des Bildungsabschlusses und die sich daraus ergebenden Belastungen und Konflikte beeinträchtigen in zunehmendem Maße speziell die Familien, deren Kinder auf weiterführenden Schulen sind und einen qualifizierten Bildungsabschluß anstreben. Viele Eltern stehen den Problemen hilflos gegenüber. Sie sehen die Ursachen nicht, die zum Leistungsabfall führten, und versuchen durch Ausübung von Zwängen, die versagenden Kinder zu besseren Leistungen zu bewegen. Meist ist der Erfolg gering, denn die Leistung eines Kindes läßt sich nicht erzwingen. Jeder Zwang führt zu Spannungen und Konflikten, die das Miteinander in der Familie stören und häufig Ursache einer Beschleunigung des Abfalls sind.
Andererseits wird immer deutlicher, wie wichtig eine qualifizierte Ausbildung für die Zukunft der Kinder ist. Der Leistungsdruck von seiten der Gesellschaft wird immer stärker und die Auslese immer härter. Durch den Numerus clausus, seine Bindung an die Noten des Abiturs, ist dieser Leistungsdruck heute bereits in der Schule so allgegenwärtig, daß sich ihm niemand entziehen kann. Leistungsegoismus, Konkurrenzdenken, Streß und Angst werden in einem erschreckenden Maße deutlich und wirken sich zusätzlich negativ auf das Leistungsverhalten und die Gesamtsituation des Schülers aus. Mit diesen Problemen sind

Eltern und Schüler allein gelassen. Hilfen gibt es nur vereinzelt.

Dieses Buch ist eine solche Hilfe.
Schulschwierigkeiten haben viele Ursachen. Eine Ursache liegt darin, daß dem Schüler keine wirkungsvollen Lern- und Arbeitstechniken zur Verfügung stehen. Die Schule verlangt Arbeit und Lernleistung, aber sie lehrt keine Techniken, wie diese Leistungen sinnvoll erbracht werden können. Dem einzelnen bleibt es überlassen, solche Arbeitstechniken zu entwickeln und anzuwenden.

Dieses Buch lehrt Lerntechniken.
Lerntechniken sind Werkzeuge, die die Arbeit erleichtern und den Arbeitserfolg gewährleisten sollen. Sie stellen sicher, daß der Arbeitsaufwand in einem vernünftigen Verhältnis zum Arbeitserfolg steht und sichtbare Erfolgserlebnisse die Freude an der Arbeit zunehmend verstärken, weil Lernen als sinnvolles Tun erlebt wird.

Dieses Buch leistet beides.
Es zeigt dem Schüler, wie man schnell, sicher und ohne großen Aufwand lernt. Anhand von Testaufgaben kann der Schüler seine Erfolge nachprüfen. Diese Erfolge stellen sich ein und erhöhen die Arbeitsfreude und das Zutrauen zur eigenen Leistungsfähigkeit.

Dieses Buch wendet sich an Schüler im Alter von 8–15 Jahren.
Je früher ein Schüler sinnvolle Lerntechniken beherrscht, um so erfolgreicher kann er in der Schule mitarbeiten. Die Belastungen durch die Arbeit in der und für die Schule werden geringer und der Freiraum

für andere Aktivitäten größer. Der Schüler kann stärker seinen Interessen nachgehen und Hobbies entwickeln. Ein interessierter Schüler aber ist meist auch ein besserer Schüler, ein erfolgreicher Schüler ist meist auch ein zufriedener Schüler.

Und so baut dieses Buch auf Erfahrungen auf, die in Hunderten von Kursen gewonnen wurden. In diesen Kursen wurde die Methode ständig verbessert und immer stärker auf die Schüler abgestellt. Hierzu konnte der Autor auf die Erfahrungen und Hilfen engagierter Lehrer zurückgreifen, die inzwischen zu ihm gestoßen waren, und die Zahl der Lehrer, die diese Methode nach einer entsprechenden Schulung durch den Autor auf Volkshochschulen in Nordrhein-Westfalen nachmittags und abends lehren, wird immer größer, die Erfolge stellen sich immer zahlreicher ein. Darüber hinaus hat sich in Nordrhein-Westfalen ein Verein mit bislang Untergruppen in Wuppertal und Köln gebildet, in denen Eltern gemeinsam unter Einbeziehung dieser Methode Schülern helfen. Solche Gruppen erhöhen die Wirkung dieser für die Einzelarbeit entwickelten Methode und steigern ebenfalls durch ihre Ergänzungsfunktion die Effektivität der Standardkurse auf den Volkshochschulen. Darüber hinaus gewinnen Eltern und Schüler Einsichten, die sich günstig auf den Leistungsbereich auswirken.

Alles in allem stehen den Schülern und Eltern damit also 3 erprobte Möglichkeiten zur Verfügung, das Lernen zu erleichtern: das Buch, das sich ausgezeichnet zum Selbststudium eignet, die zahlreichen Volkshochschulkurse, die von Dozenten und Lehrern unter der Leitung des Autors abgehalten werden, und als gute Ergänzung der Eltern-Schüler-Förderkreis e. V., wo

Eltern in Selbstlerngruppen Schüler auf der Basis »Gedächtnis- und Konzentrationstraining« betreuen.

Ernst Stobberg, Dipl.-Psychologe
Schulpsychologischer Dienst, Rhein.-Berg. Kreis

bist du auch so schlau wie ich?

Hallo! Ich bin der Fritz, wir kennen uns noch nicht. Wie du siehst, bin ich fast so alt wie du, vielleicht bist du aber auch schon etwas älter. Manchmal bin ich ein kleiner Angeber und ab und zu auch ein bißchen frech, aber ich bin ganz bestimmt auch schlau und pfiffig! Was ich in diesem Buch zu suchen habe, das wirst du sehr bald merken. Ich möchte dir nämlich helfen, damit du ein sehr gutes Gedächtnis bekommst und damit dir die Schule viel mehr Spaß macht. Aber bevor du soweit bist, will ich einmal sehen, wieviel du jetzt schon behältst, damit ich später feststellen kann, was du alles in diesem Buch dazugelernt hast. Schlag also bitte dazu einmal die nächste Seite auf.

1. Kapitel
Wie schlau bist du?

Auf dieser Seite und auf den nächsten findest du 7 Übungen, die zum Teil leicht und zum Teil schwer sind. Du liest zu jeder Übung zuerst die Erklärung durch, und dann versuchst du, die einzelnen Übungen so gut wie möglich zu lernen. Über jeder Übung steht aber eine Zeitangabe, und wenn diese Zeit vorüber ist, dann mußt du alles das auf ein Blatt aufschreiben, was du behalten hast. Wie du das genau machen mußt, sage ich dir in jeder Übung noch einmal, damit auch alles richtig klappt. Ich habe die 7 Übungen auch schon gemacht, und wieviel *ich* dabei behalten habe, das sage ich dir später, wenn du mit allen Übungen fertig bist. (Die Übungen sind am Anfang ein bißchen schwer. Störe dich nicht daran, wenn du nicht alles schaffst, ich fand das zuerst auch wahnsinnig schwierig!)

Übung 1: In der ersten Übung stehen 20 Wörter, immer 2 nebeneinandergeschrieben. Du sollst dir diese Wörter 2 Minuten lang anschauen und versuchen, sie auswendig zu lernen. Wenn die zwei Minuten vorüber sind, dann deckst du bitte mit einem Blatt Papier die *rechte* Seite zu (aber nur die rechte Seite, die linke muß frei bleiben)! Jetzt schreibst du alle zugedeckten Wörter in der richtigen Reihenfolge auf, so wie sie unter deinem Blatt untereinandergeschrieben stehen. Wenn dir nichts mehr einfällt, dann deckst du diesmal die *linke* Seite zu und schreibst wieder die zugedeckten Wörter untereinander aus dem Gedächtnis auf. Die Seite, die dabei ja jedesmal aufgedeckt bleibt, wird dir helfen, dich zu erinnern. Wenn du fertig bist, dann kannst du mit der Übung vergleichen. *Nur jedes Wort, das du dir an der richtigen Stelle gemerkt hast,* zählst du, und dafür gibt es einen Punkt. Wenn du alle Punkte zusammengezählt hast, dann schreibst du sie unter die Übung hinter die 1. Punktzahl. Die 2. Punktzahl gilt für später, wenn du die Übung noch einmal zum Vergleich machst.

So, dann fang mal an. Aber nicht mit der Zeit mogeln!

Übung 1 (2 Minuten):

Tafel	–	Feuer
Klavier	–	Garten
Esel	–	Stuhl
Geige	–	Tüte
Tür	–	Mantel
Fahrrad	–	Kerze
Kiste	–	Hammer
Jäger	–	Bleistift
See	–	Haus
Rennauto	–	Bär

1. Punktzahl: ________
2. Punktzahl: ________

Fertig? Dann schreibe die Punktzahl auf und mache die nächste Übung.

Übung 2: Die Übung 2 ist eine Wortkette, das bedeutet, hier stehen 20 Wörter in der Reihenfolge hintereinander. Du hast nun zwei Minuten Zeit, dir diese Wörter zu merken. Danach deckst du sie wieder zu und schreibst alle Wörter in der *richtigen Reihenfolge* vorwärts auf. Wenn dir nichts mehr einfällt, dann mußt du ein anderes Blatt nehmen, und hier schreibst du jetzt alle Wörter rückwärts in der richtigen Reihenfolge aus dem Gedächtnis auf. Erst dann vergleichst du im Buch, und jedes Wort, das vorwärts in der richtigen Reihenfolge stimmt, bekommt einen Punkt, und noch einmal jedes Wort, das rückwärts in der richtigen Reihenfolge stimmt. Wenn du beidesmal alle 20 Wörter gewußt hättest, dann hättest du insgesamt 40 Punkte für die erste Punktzahl erreicht. Lerne jetzt bitte die Übung 2 auswendig.

Übung 2 (2 Minuten):

Katze – Fluß – Garten – Stuhl – Milch – Wind – Baum – Wäscheleine – Vogel – Heft – Bürste – Ofen – Fenster – Klavier – Vase – Stein – Hund – Loch – Auto – Wasser.

1. Punktzahl: ________
2. Punktzahl: ________

Übung 3: Versuche bitte einmal, in 2 Minuten möglichst viel von den folgenden 15 Sätzen zu behalten.

Danach deckst du die Übung wieder zu und versuchst, die darunterstehenden Fragen zu beantworten. Für jede richtig beantwortete Frage gibt es 5 Punkte, die du wieder hinter die erste Punktzahl schreibst. (Wenn du einen Satz nicht verstehst, dann läßt du ihn dir erklären oder laß ihn aus!)

Übung 3 (2 Minuten):

Ein Magnet hat immer 2 Pole.
1 Gramm Moos kann bis 6 Gramm Wasser aufnehmen.
Die Cockpit-Besatzung im Flugzeug besteht aus 3 Mann.
Um die Erde zu verlassen, muß man ungefähr mit einer Geschwindigkeit von 12 km in der Sekunde fliegen.
Elefanten haben zwei Stoßzähne.
Durch 0 darf man nicht teilen.
Es gibt 5 Erdteile auf der Welt.
Der letzte Weltkrieg dauerte 6 Jahre.
Der Mensch besitzt in jeder Kiefernhälfte 1 Eckzahn.
9 Tage nach der Geburt öffnen die Katzenjungen die Augen.
Der Mensch besitzt unter anderem 5 Lendenwirbel.
0 ist in der Mathematik keine Zahl.
Der lange Hals der Giraffe hat nur 7 Wirbel.
Es dauert ungefähr 6 Wochen, bis aus Maikäfereiern Larven schlüpfen.
Eine Batterie hat 2 Pole.

1. Punktzahl: ________
2. Punktzahl: ________

Fragen:
Schreibe hier bitte die richtige Zahl hinter die Fragen und vergleiche hinterher.

Wie viele Pole hat ein Magnet? _______
Wieviel Gramm Wasser kann ein Gramm Moos aufnehmen? _______
Wieviel Mann Besatzung hat das Cockpit im Flugzeug? _______
Wie schnell muß man fliegen, um die Erde zu verlassen? _______
Wie viele Stoßzähne haben Elefanten?_______
Wodurch darf man nicht teilen?_______
Wie viele Erdteile gibt es auf der Welt?_______
Wie viele Jahre dauerte der letzte Weltkrieg?_______
Wie viele Eckzähne besitzt der Mensch in jeder Kieferhälfte?_______
Nach wie vielen Tagen öffnen Katzenjungen nach der Geburt die Augen?_______
Wie viele Lendenwirbel besitzt der Mensch?_______
Was ist in der Mathematik keine Zahl?_______
Wie viele Wirbel hat der Hals der Giraffe?_______
Nach wie vielen Wochen schlüpfen Larven aus Maikäfereiern?_______
Wie viele Pole hat eine Batterie?_______

Nun zur nächsten Aufgabe!
Übung 4: Diese Übung ist für diejenigen von euch gedacht, die nicht immer sicher sind, wie manche Wörter im Diktat geschrieben werden. Laß dir bitte die folgenden 8 Wörter diktieren. Anschließend stellst du fest, welche Fehler du gemacht hast. Um dir nun die richtige Schreibweise zu merken, darfst du dir die 8 Wörter im Buch 2 Minuten lang ansehen. Anschließend werden dir alle diese 8 Wörter noch einmal diktiert. Wenn du jetzt wieder vergleichst, dann kannst du für jedes richtig geschriebene Wort 5 Punkte zählen.

Hier jetzt die Wörter:

Übung 4
(2 Minuten zum Ansehen vor dem 2. Schreiben):

Saal	–	Haupt
Heizung	–	Lehrer
Stiel	–	Roß
fressen	–	Beule

1. Punktzahl:______
2. Punktzahl:______

Übung 5: Für die folgenden 10 Fremdwörter aus Biologie, Erdkunde, Geschichte und Sachkunde hast du 4 Minuten Zeit zum Lernen. Danach deckst du die Übung so zu, daß du nur noch die deutschen Wörter sehen kannst, und schreibst die fremden Wörter daneben. Hinterher schaust du nach, ob alles richtig ist. Für jedes richtige Fremdwort (es ist ausnahmsweise egal, ob du es falsch geschrieben hast) bekommst du wieder 5 Punkte.

Übung 5 (4 Minuten):

Skelett	–	Knochengerüst
Spatha	–	Blütenscheide
Basalt	–	Gestein
Atom	–	kleinstes Teilchen
Mare	–	Kratersee
Fehde	–	Rechtsstreit
City	–	Innenstadt
Mandrill	–	Affe
Venen	–	Adern
Sole	–	gelöstes Salz

1. Punktzahl:______

2. Punktzahl:______

Na, schon müde? Nur noch zwei Übungen, dann hast du es geschafft! Als ich die Übungen gemacht habe, habe ich nicht immer jede geschafft, so ist es dir sicher auch ergangen, nicht wahr? Aber das ist ja nicht so schlimm, denn im nächsten Kapitel und allen weiteren werde ich dir beibringen, wie man solche Übungen und die Aufgaben in der Schule sehr leicht und schnell schaffen kann. Also noch schnell die letzten beiden Übungen, und dann werde ich mal meine große Trickkiste aufklappen und dir alle Kniffe zeigen. Deine Lehrer und Mitschüler werden nur so staunen, was du alles behalten kannst.

Übung 6: Diese Übung ist für diejenigen unter euch gedacht, die in der Schule schon Englisch haben. Du sollst versuchen, die folgenden 15 Vokabeln in nur 6 Minuten zu lernen. Anschließend schaust du dir nur noch die deutschen Wörter an und versuchst, die englischen aus dem Kopf aufzuschreiben. Jede richtige Vokabel bekommt wieder einen Punkt. Wenn du eine Vokabel falsch geschrieben hast, dann gilt das diesmal als Fehler.

Übung 6 (6 Minuten):

plane	–	Flugzeug
wall	–	Wand
attraction	–	Anziehungskraft
final	–	endgültig
to rush	–	drängen
liquid	–	Flüssigkeit
roar	–	Gebrüll
to tax	–	besteuern

to avoid	–	vermeiden
to deceive	–	betrügen
to unload	–	abladen
umbrella	–	Regenschirm
to twist	–	verdrehen
trifle	–	Kleinigkeit
grief	–	Kummer

1. Punktzahl: ______
2. Punktzahl: ______

Übung 7: In der 7. und letzten Übung beschäftigen wir uns mit Texten wie Biologie, Geschichte oder Erdkunde, und zwar hier mit einem kurzen Text aus der Biologie. Dieser Text ist zwar nicht so leicht, aber versuche trotzdem einmal, soviel wie nur möglich davon in 4 Minuten zu behalten. Anschließend beantwortest du bitte die darunterstehenden 10 Fragen. Wenn du dann deine Antworten mit dem Text vergleichst, dann bekommst du für jede richtige Antwort 5 Punkte.

Übung 7 (4 Minuten):

Pinguine sind flugunfähige Vögel, die an das Leben im Wasser angepaßt sind. Dabei handelt es sich um ganz ähnliche Erscheinungen, wie wir sie schon von den ans Wasserleben angepaßten Säugetieren wie Walen und Flossenfüßern kennen. So sind die Flügel der Pinguine zu flossenähnlichen Organen umgebildet, die nicht mehr mit großen Schwungfedern, sondern mit kleinen schuppenförmigen Federn bedeckt sind. Auch am übrigen Körper finden sich überwiegend kleine Federn. Dem Wärmeschutz im kalten Wasser dient eine Speckschicht unter der Haut. Die Beine der Pinguine sind sehr kurz; alle 4 Zehen sind nach vorne gerichtet und durch Schwimmhäute verbunden. Pinguine sind schnelle, wendige Schwimmer, die ihre Flügel als Ruder und die Beine zum Steuern benutzen. Sie schnellen sich aus dem Wasser auf das Land hinaus, oft in hohem Bogen. An Land ist ihr Körper aufgerichtet, und sie laufen trippelnd und springend umher. Gelegentlich schieben sie sich auch mit Flügeln und Füßen, auf dem Bauch liegend, vorwärts.

1. Punktzahl: ________
2. Punktzahl: ________

Hier jetzt die Fragen dazu, die du bitte versuchst, richtig zu beantworten:

Können Pinguine fliegen? ________________________
Wodurch haben Pinguine einen Wärmeschutz? ____
Wie sind die Flügel der Pinguine verändert? ________
In welcher Stellung bewegen sie sich manchmal fort? ________________________
Sind die Beine der Pinguine kurz oder lang? ________
Womit ist der Körper bedeckt? ________________
An welche Lebensart ist der Pinguin angepaßt? ____
Wieviel Zehen hat er? ______________________
Wozu werden die Flügel im Wasser benutzt? ______
Wozu werden die Beine im Wasser benutzt? ______

So, das hätten wir, jetzt kann ich dir ja verraten, wieviel *ich* bei den Übungen damals gewußt habe. Jetzt muß ich erst mal tief Luft holen. Meistens habe ich nur die Hälfte gewußt und manchmal sogar noch etwas weniger. Aber das macht ja nichts, denn ich habe ja inzwischen gelernt, wie man alles viel leichter und einfacher behält. Und das werde ich dir jetzt auch zeigen.

2. Kapitel
Wie man mit Fantasie viele Wörter behält

Die ersten Bilder: Ich habe versprochen, daß ich dir in diesem Kapitel zeige, wie man sich leicht und schnell viele Wörter merken kann. Das ist nämlich gar nicht so schwierig, wie du vielleicht meinst. Man braucht nur Fantasie dazu, und was das ist, weißt du ja. Man stellt sich etwas vor und malt es sich bis in alle Einzelheiten aus. Also nehmen wir einmal an, du sollst dir für irgendeine Aufgabe die zwei Wörter *Auto – Säge* merken. Wenn ich dir das Wort *Auto* nenne, mußt du wissen *Säge*, und wird das Wort *Säge* aufgerufen, so mußt du wissen *Auto.* Normalerweise würdest du diese beiden Wörter auswendig lernen, aber das ist viel zu anstrengend und mühsam. Ab jetzt sollst du solche Wörter nicht mehr lernen, sondern sie dir nur noch vorstellen. Bitte schließe einmal deine Augen und stelle dir mit geschlossenen Augen vor, wie ein *Auto* mit einer riesengroßen *Säge* durchgesägt wird. Es fällt dir bestimmt nicht schwer, dir so etwas vorzustellen. Damit du siehst, wie ich mir so etwas vorstelle, habe ich ein Bild mit *Auto – Säge* gemalt, auf dem du es sehen kannst.

Die Säge ist riesig groß, und das Auto wird davon »ritsch, ratsch« durchgesägt. Wenn du dir das Bild so ungefähr vorgestellt hast, dann hast du schon beide Wörter im Gedächtnis. Denn wenn ich dich jetzt frage: »Was war bei dem Auto?«, dann siehst du das Bild mit dem Auto und erinnerst dich an die Säge,

Auto – Säge

weil die ja auch in dem Bild zu sehen ist, und umgekehrt. Und so geht das mit allen Wörtern, die du behalten willst. Wenn du dir z. B. *Kind – Farbe* merken willst, dann kannst du dir vorstellen, wie sich ein *Kind* mit *Farbe* vollschmiert. Oder bei den beiden Wörtern *Hund – Flasche* könnte ein *Hund* eine *Flasche* leertrinken. Wie du dir das selber vorstellst, ist letzten Endes egal, wichtig ist aber, daß du dir ein *richtiges Bild* mit den beiden Wörtern vorstellst, und es genau vor dir siehst, wenn du die Augen zumachst.
Ich habe hier die drei Wortpaare noch einmal als Vorübung niedergeschrieben, und ich möchte dich bitten, dir zu jeweils zwei zusammengehörenden Wörtern noch einmal ein Bild vorzustellen, diesmal aber eins, was du dir selbst ausgedacht hast. Während du dir die Bilder vorstellst, versuchst du einmal, sie zu beschreiben: wie der Hund aussieht, wie die Flasche, was mit den beiden passiert usw. Wenn du damit fertig bist, dann werden wir mit der ersten richtigen Übung in diesem Buch anfangen.

Vorübung: Auto – Säge
Kind – Farbe
Hund – Flasche.

Wir behalten mit diesen Bildern: In dieser ersten richtigen Übung haben wir 20 Wörter. Genau wie oben gehören ebenfalls immer 2 Wörter zusammen. Und zu jeweils 2 Wörtern sollst du dir wieder ein Bild vorstellen. Wenn du dir die Übung durchliest, siehst du, daß wir 3 Bilder schon gehabt haben. Hier brauchst du dir nichts mehr vorzustellen, und wenn du es doch möchtest, dann stellst du dir einfach noch einmal das gleiche vor wie vorher. Versuch einmal, dir alle Bilder in 2 Minuten vorzustellen, und decke dann die rechte Seite zu. Anschließend denkst du ganz einfach bei Auto oder bei Kette an deine Bilder, und schon fallen dir die zugedeckten Wörter wieder ein. Wenn du fertig bist, dann machst du es genauso mit der linken Seite. Wenn dir die 2 Minuten für das Bildervorstellen (nicht für das Abfragen) zu kurz sind, dann laß dir etwas mehr Zeit oder du machst die Übung noch einmal. Am besten ist es, wenn du die Übung auf jeden Fall erst einmal in 2 Minuten versuchst.

Übung 1 (2 Minuten):
Hauptwörter

Auto	–	Säge
Kette	-	Trompete
Karton	–	Suppe
Laterne	–	Mühle
Hund	–	Flasche
Kind	–	Farbe
Loch	–	Sessel
Buch	–	Bier
Tinte	–	Tüte
Finger	–	Esel

Na, konntest du dir das auch so gut vorstellen wie ich? Was hast du dir denn bei *Kette – Trompete* vorgestellt? Ich habe mir vorgestellt, wie eine riesige *Trompete* an einer *Kette* befestigt wird, damit sie nicht verlorengeht. Jetzt mal eine kleine Testfrage: Wie sieht denn die Kette aus, an der die Trompete befestigt war? War es eine wunderschöne Halskette mit Perlen oder eine gebastelte Kette aus Holzringen! Du wirst nun bestimmt lachen: Ich habe mir eine alte ölige Fahrradkette vorgestellt, an der die Trompete hängt. Es ist wirklich wichtig, sich alles genau vorzustellen. Um so leichter fallen dir deine Bilder wieder ein. Bei *Karton – Suppe* stelle ich mir immer vor, wie *Suppe* in einen *Karton* geschüttet wird. Hast du dir vielleicht bei *Laterne – Mühle* auch vorgestellt, wie eine *Laterne* auf die *Mühle* fällt? *Loch – Sessel* war am einfachsten. Irgend jemand hat ein großes *Loch* in deinen *Sessel* geschnitten! Bei *Buch – Bier* hat jemand über dein *Buch Bier* geschüttet, jetzt ist das Buch nicht mehr zu gebrauchen. Wenn man *Tinte* in eine *Tüte* gießt, dann gibt das ein lustiges Bild für

Tinte – Tüte. (Die Bilder können ruhig lustig und komisch sein, um so besser prägen sie sich ein.) Bei *Finger – Esel* habe ich mir am Schluß noch vorgestellt, wie der *Esel* mich in den *Finger* beißt.

Bevor wir mit anderen Übungen weitermachen, zeige ich dir noch ein Bild mit Hund – Flasche.

Hund – Flasche

Ich stelle mir immer vor, wie der Hund die ganze Flasche leertrinkt und dabei in sich hineinlacht, weil es ihm so gut schmeckt. Versuche dir dieses Bild einmal mit geschlossenen Augen vorzustellen, und beschreibe es dann so gut wie möglich, denn das hilft dir für alle weiteren Bilder, die du dir noch vorstellen wirst.

Praktische Übungen: Vielleicht hast du dich gefragt, warum wir solche Übungen machen, wo du nur irgendwelche Wörter behalten mußt. Das scheint doch etwas zu sein, was in der Schule fast nie vorkommt. Das stimmt schon, irgendwelche Wörter behalten, das kommt in der Schule oder bei deinen Hausaufgaben selten vor. Diese Übungen sind als *Anfangsübungen* gedacht, die wir machen müssen, bevor wir Geschichte, Biologie, Erdkunde, Sachkunde, Zahlen oder Vokabeln und Fremdwörter üben. Außerdem stammen alle weiteren Wörter, die wir in diesem und dem nächsten Kapitel noch behalten wollen, schon aus den Geschichten, Texten und Gedichten im letzten Kapitel. Dadurch wird es dir am Ende dieses Buches noch leichter fallen, Biologie oder Erdkunde usw. zu behalten.

Die nächsten Übungen sind zum Teil länger und schwerer als die erste, aber ich bin sicher, daß du sie auch schaffen wirst. Außerdem würde ich dir raten, nicht alle Übungen auf einmal zu machen. Am besten ist es, wenn du jeden Tag oder vielleicht sogar nur jeden zweiten Tag eine Übung machst, dann fallen sie dir bestimmt leichter. Wenn es trotzdem manchmal eine Übung gibt, von der du meinst, daß sie zu schwer für dich ist, *dann laß sie einfach aus.* Du kannst ja später versuchen, sie doch noch zu schaffen, das muß ja nicht alles unbedingt jetzt schon klappen. Die Hauptsache ist, das Ganze macht dir Spaß.

Wenn du dir die Übung 2 anschaust, dann sind darin viele Hauptwörter aus dem Biologiebuch. Zum Beispiel die Wörter Bär, Käfer, Nahrung usw. Auch wenn manche Wörter vielleicht schwer aussehen, sind sie gar nicht schwer. Denn unter jedem Wort kann *ich* mir gut etwas vorstellen, und dann kannst du das sicher auch. Ich würde mir beispielsweise vorstellen, wie ein großer Brumm-*Bär* eine dicke *Kokosnuß* frißt oder wie ein *Junge* (vielleicht ich selbst?) im riesengroßen *Ozean* schwimmt. Genausoleicht geht es mit allen anderen Wörtern in dieser Übung.

Du versuchst jetzt bitte wieder, dir in 3 Minuten alle Bilder mit geschlossenen Augen vorzustellen. Wenn du damit fertig bist, dann deckst du wieder die *rechte Seite* mit einem Blatt zu und versuchst, dich mit Hilfe des Bildes an das andere Wort zu erinnern. Danach umgekehrt, nämlich die *linke Seite* zudecken.

Übung 2 (3 Minuten):
Hauptwörter

Bär	–	Kokosnuß
Junge	–	Ozean
Höhle	–	Blatt
Angreifer	–	Käfer
Schlaf	–	Doktor
Nahrung	–	Falter
Winter	–	Mörtel
Tiere	–	Flocken
Riff	–	Blüten
Palme	–	Schnee
Birnbaum	–	Jahr
Rasen	–	Fleiß
Spuren	–	Mann
Eis	–	Schraube
Mai	–	Schläfer

Wetten, daß alle deine Freunde und Freundinnen in der Schule und zu Hause staunen würden, wenn sie wüßten, daß du auf einmal 20 oder 30 Wörter in ganz kurzer Zeit behalten kannst? Laß dir von ihnen doch in der Pause, oder wenn ihr zusammen spielt, einmal eine Reihe von Wörtern aufsagen oder aufschreiben, die du dir dann vorstellst und hinterher aus dem Kopf aufsagst. Dann schreibst du deinen Freunden andere Wörter auf, und nun sollen sie versuchen, diese Wör-

ter zu behalten (natürlich in der gleichen kurzen Zeit wie du!). Bestimmt schaffen sie höchstens die Hälfte, weil du ihnen ja noch nicht verraten hast, wie du es machst. Du kannst solche Wörter auch abends als Gesellschaftsspiel mit deinen Eltern und Geschwistern zusammen behalten. Wer dann die meisten Wörter schafft, hat gewonnen. Auch in den nächsten Kapiteln werde ich dir dann noch weitere Spiele verraten, bei denen man sich etwas vorstellen muß.
Jetzt habe ich dir so viel erzählt, daß es wieder Zeit wird, eine Übung zu machen. Diesmal gebe ich dir keine Hauptwörter mehr (denn das kannst du ja schon lange), sondern wir werden uns jetzt Zeitwörter vorstellen. Das ist aber fast genauso einfach wie mit Hauptwörtern. Bei *klettern – schlafen* stellst du dir vor: Du bist sehr müde und *kletterst* in dein Bett, um zu *schlafen*. Oder bei *greifen – kommen* stelle ich mir vor, ich *komme* aus dem Haus und *greife* als erstes nach der Post. Auch für die anderen Wörter stellst du dir wieder solche Bilder vor. Laß dir ruhig etwas mehr Zeit, als über der Übung steht, damit du dir alles gut vorstellen kannst.

Übung 3 (2 Minuten):
Zeitwörter

klettern	–	schlafen
greifen	–	kommen
dulden	–	wachsen
lesen	–	sprechen
bringen	–	graben
steigen	–	zerstören
verschwinden	–	schauen
tragen	–	zeigen
entstehen	–	wissen
sterben	–	erkennen

Jedesmal, wenn du dir mehr Zeit gelassen hast als vorgesehen, dann versuchst du später, diese Übung noch einmal zu machen, so lange, bis es in der vorgesehenen Zeit klappt. Wir machen das deshalb, damit du möglichst schnell und gut wirst, wenn es um das Behalten geht.
Bevor wir aber jetzt weitermachen, zeige ich dir noch ein Bild für *lesen – sprechen*.

lesen – sprechen

Ich stelle mir vor, ein Mädchen will eine Geschichte *lesen*, während ein Junge ein Gedicht *sprechen* muß.
Wir machen Spiele: Alle Übungen, die wir bis jetzt gemacht haben, sind dafür da, daß dein Gedächtnis noch viel besser wird. Aber auf der Titelseite dieses Buches habe ich geschrieben, daß wir auch die Konzentration üben wollen. Das hört sich ganz kompliziert an, ist aber sehr einfach, denn immer, wenn wir die Konzentration üben, dann machen wir das mit einem kleinen Spiel. Schau dir einmal die Übung 4 an.

Übung 4:

Solche Übungen kennst du sicher schon. Du sollst versuchen, *nur mit den Augen*, also ohne den Finger

zu Hilfe zu nehmen, die Linien von Anfang bis Ende zu verfolgen. Dabei fängst du bei den Zahlen an und stellst fest, zu welchem Buchstaben jede Zahl geht. Wichtig ist aber, daß du die Linien wirklich nur mit den Augen verfolgst, also ohne Finger oder Bleistift. Das Ergebnis schreibst du dann jedesmal hinter die Buchstaben. Anschließend kannst du, wenn du möchtest, mit dem Bleistift nachkontrollieren. Du solltest diese Übung aber öfters machen, damit du sie mit der Zeit immer schneller schaffst. Das Ergebnis mußt du dann bei der Wiederholung solange abdecken.

Noch einmal Gedächtnis: Die Wörter, die wir uns überhaupt noch nicht vorgestellt haben, das sind Eigenschaftswörter. Das sind zum Beispiel Wörter wie *selten, verlassen, blind* und so weiter. Solche Wörter sind die schwersten, obwohl man sich hier auch gut etwas vorstellen kann. Überleg doch einmal, was man sich bei Übung 5 für *selten – verlassen* vorstellen kann. Ich weiß schon was: Ich gehe durch eine Stadt, die ganz *verlassen* ist, und treffe nur *selten* einen Menschen. Oder bei *blind – viel* sehe ich einen Mann, der *blind* ist, und dieser Mann spielt sehr *viel* mit

seinem treuen Hund. Für *weiß – vergeblich* würde ich mir vorstellen, wie ein Maler *vergeblich* versucht, eine schmutzige Wand *weiß* anzustreichen. Mehr will ich dir zu dieser Übung nicht verraten, denn du sollst dir ja selbst etwas ausdenken und vorstellen.
Wenn du dir alle Wörter gut vorgestellt hast, dann deckst du zuerst wieder die rechte und dann die linke Seite zu.

Übung 5 (2 Minuten):
Eigenschaftswörter

selten	–	verlassen
blind	–	viel
weiß	–	vergeblich
groß	–	schwer
alt	–	günstig
leicht	–	nahe
lange	–	verwundet
zart	–	fein
allmählich	–	offen
beweglich	–	gereizt

Ich höre dich schon sagen: Na hör mal, das ist aber jetzt viel schwerer als am Anfang. Was soll ich dir darauf antworten? Ich könnte beispielsweise den Zeigefinger hin- und herschwenken und sagen: Was Hänschen nicht lernt, lernt Hans nimmermehr, oder etwas Ähnliches. Aber ehrlich gesagt, sowas hat mich immer gestört.
Ich fand es immer viel schöner, etwas Schweres ganz allein zu schaffen.

Das Kapitel ist gleich zu Ende: Die letzte Übung, die wir machen, ist so etwas wie die Generalprobe. In der Übung 6 haben wir 30 gemischte verschiedene Wörter, die du dir in nur 3 Minuten versuchen sollst zu merken. Zuerst liest du dir einmal die Übung nur durch und schaust, ob du auch alle Wörter kennst. Wenn ein Wort unbekannt ist, dann mußt du es dir erklären lassen, denn sonst kannst du dir nichts darunter vorstellen. Nachdem du damit fertig bist, legst du dir eine Uhr neben die Übung und stellst dir 3 Minuten lang deine Bilder vor. Nach diesen 3 Minuten deckst du wie immer zuerst die rechte Seite zu und erinnerst dich an die dazugehörenden Wörter, und dann das gleiche mit der linken Seite. Diesmal werde ich dir allerdings keine Hilfe geben, du sollst versuchen, die Übung ganz alleine zu schaffen. Lediglich für die zwei Wörter *Pflanze – Vergrößerung* habe ich dir noch einmal ein Bild gezeichnet.

Pflanze – Vergrößerung

Bitte mach jetzt die Übung 6.

Übung 6 (3 Minuten):
gemischt

schwer	–	Meter
Pflanze	–	Vergrößerung
Meer	–	deutsch
Bakterie	–	Bau
Kost	–	groß
klein	–	ziehen
verschieden	–	Vorliebe
rufen	–	klettern
Stadt	–	lassen
rein	–	Junge
Lehrling	–	krümmen
sehen	–	Ruhe
Woche	–	tropisch
Blütenschnee	–	greifen
ungünstig	–	beweglich.

Übung 7:

Achtung! Wir zählen Buchstaben: Ganz zum Schluß noch ein Spiel. Du weißt ja, daß du ab und zu beim Schreiben einen Buchstaben vergißt oder einen zuviel schreibst, obwohl du eigentlich genau weißt, wie das Wort richtig geschrieben wird. So etwas nennt dann dein Lehrer einen *Flüchtigkeitsfehler*, und er sagt, du hast dich nicht genügend *konzentriert*. Deshalb machen wir jetzt ein Spiel, damit du nicht mehr so oft Buchstaben vergißt. Du sollst nämlich in diesem Abschnitt »Wir zählen Buchstaben« zuerst den Buchstaben a, dann den Buchstaben e und zum Schluß den Buchstaben u zählen (die großen und die kleinen! Aber ä und ü darfst du nicht mitzählen). Das Ergebnis schreibst du dann unter diesen Abschnitt. Damit keine Verwirrung auftritt, wo du mit dem Zählen anfangen mußt und wo aufhören, beginnst du oben nach dem Wort »Achtung« und hörst unten vor dem Wort »stop« auf. Bitte fang jetzt an zu zählen, die Lösung gebe ich dir etwas später. *Stop!*

Wieviel a: ________
Wieviel e: ________
Wieviel u: ________

Übersicht: Jetzt sind wir also fertig mit diesem Kapitel. Damit du aber auch alles richtig verstanden hast, stelle ich dir abschließend noch ein paar Fragen, die du beantworten mußt. Die richtigen Antworten kannst du dann ein paar Zeilen später vergleichen.

5 Fragen:

1. Was hast du in diesem Kapitel gemacht, um Wörter zu behalten?
2. Welche 3 Wortarten sind dabei vorgekommen?
3. Welche 2 Fähigkeiten wollen wir in diesem Buch üben?
4. Was wird in Übung 4 und 7 geübt?
5. Wie viele Buchstaben a ______ e ______ u ______ hat die Übung 7?

Hier die 5 Antworten:

1. Ich habe mir die Wörter vorgestellt (meistens mit geschlossenen Augen).
2. Hauptwörter, Zeitwörter, Eigenschaftswörter.
3. Wir wollen das Gedächtnis und die Konzentration üben.
4. Die Konzentration bei Linien und Buchstaben.
5. Die Übung 7 hat 39 a, 94 e und 43 u.

So, das hätten wir geschafft! In dem nächsten Kapitel zeige ich dir, wie man Wortketten und Wortreihen besser und leichter behält. Also bis nachher!

3. Kapitel
Wir behalten Wortreihen

Jede Reihe ist eine Geschichte: Bis jetzt haben wir uns immer zwei Wörter vorgestellt. So etwas nennt man auch Assoziation von Wortpaaren. Bei Wortreihen und Wortketten ist das ganz anders. Hier haben wir viele Wörter (vielleicht 10 oder 20), die in einer Reihenfolge stehen. Alle diese Wörter sollst du deshalb auch in der richtigen Reihenfolge im Kopf haben. Das hört sich schwierig an, ist es aber gar nicht. Schauen wir uns einmal die Übung 8 an. In dieser Übung stehen 10 Wörter wie *Huhn – Bonbon – Bär* und so weiter. Wenn du dir diese Wörter merken willst, dann mußt du sie dir auch wieder vorstellen, genauso wie in Kapitel 2. Diesmal aber stellen wir uns aus *allen Wörtern* zusammen *eine einzige* lange Geschichte vor. Während ich dir gleich zu dieser Übung eine passende Geschichte erzähle, schließt du bitte die Augen und stellst sie dir vor.

Übung 8 (1 Minute):
Hauptwörter

Huhn – Bonbon – Zwerg – Kanne – Schlüssel – Stuhl – Tinte – Kuchen – Bett – Milch.

Eines Tages legt ein *Huhn* statt eines Eies ein *Bonbon.* Zufällig kommt ein *Zwerg* vorbei, nimmt es und steckt es in eine *Kanne*. Die Kanne verschließt er dann mit einem großen *Schlüssel*, und den Schlüssel

legt er auf einen *Stuhl* neben die *Tinte.* Die kippt plötzlich um und tropft auf einen *Kuchen.* Der Kuchen wird weggebracht und auf ein *Bett* gelegt. Auf dem Bett ist ein große Pfütze, und zwar nicht aus Wasser, sondern aus *Milch.*
Damit ist die Geschichte für diese Wortkette zu Ende.

Was ist dir bei dieser Wortkette aufgefallen? Okay, ich werd's mal erklären: Ich habe jedes Bild der Geschichte in der *richtigen* Reihenfolge mit dem darauffolgenden Bild verbunden. Nämlich das Huhn mit dem Bonbon, das Bonbon mit dem Zwerg, den Zwerg mit der Kanne und so fort.
Falsch wäre es gewesen zu sagen: »Der Zwerg nimmt dem Huhn ein Bonbon weg und steckt es in eine Kanne.« Denn in dieser Reihenfolge hättest du es dann auch fälschlicherweise behalten. Am Anfang wird es dir vielleicht öfter passieren, daß du dir die Wortketten auf diese verkehrte Weise vorstellst und beim Abfragen die *richtige Reihenfolge* der Wörter nicht mehr wiedergeben kannst. Dann wirst du unsicher und vergißt ein paar Wörter. Also, paß gut auf, daß du in den Wortketten immer ein Wort mit dem nächsten Wort und dieses Wort wieder mit dem nächsten *wie in einer Bildergeschichte verbindest.*
Wenn du jetzt verstanden hast, was ich meine, dann versuche einmal, die Wortkette aufzuschreiben. Das erste Wort ist das Wort *Huhn.*
Das geht ganz einfach, nicht wahr? Aber du hast diese Kette auch rückwärts im Kopf. Laß einmal die Geschichte von dem Wort Milch her rückwärts ablaufen, dann kannst du dich leicht an alle Wörter in der umgekehrten Reihenfolge richtig erinnern!
Bevor wir weitermachen, zeige ich dir noch für den Anfang dieser Kette den Anfang der Geschichte auf einem Bild.

Huhn – Bonbon – Zwerg

Das Huhn ist ganz verblüfft über sein Bonbon, und der Zwerg schaut auch erstaunt hin.

Die nächste Übung ist schon etwas schwieriger, kein Wunder, sie hat ja auch doppelt so viele Wörter, nämlich 20 Stück. Weil du die andere Wortreihe schon so

Bär – Jahre – Mensch

gut geschafft hast, brauche ich dir kaum noch zu helfen. Ich erzähle dir die Geschichte nur zu den ersten 6 Wörtern, und dann versuchst du, dir den Rest alleine genausogut vorzustellen, wie ich das auch inzwischen kann.
Hier die Geschichte: Ein *Bär* verträgt sich schon viele *Jahre* gut mit einem *Menschen*. Eines Tages fängt dieser Mensch ein anderes *Raubtier* und zieht damit kreuz und quer durch *Europa*. Dabei müssen beide über ein riesiges *Gebirge* ....

Übung 9 (2 Minuten):
Hauptwörter

Bär – Jahre – Mensch – Raubtier – Europa – Gebirge – Wald – Tag – Revier – Nahrung – Dachs – Allesfresser – Fleisch – Pflanze – Kost – Gebiß – Honig – Winter – Stube – Kunststück.

Nur nichts überstürzen: Vielleicht wartest du jetzt bis morgen oder übermorgen, bevor du die nächste Übung machst, denn die Übung 9 war sehr anstrengend. Ich habe mir damals sogar 3 Tage Zeit gelassen, bevor ich weitergemacht habe, denn einige Übungen waren für mich wirklich nicht leicht, weil ich vorher noch nie so etwas gemacht habe. Wenn du dann weitermachst, dann lernst du, wie man eine lange Kette mit Zeitwörtern behält. Daß man sich sehr einfach Zeitwörter vorstellen kann, das hast du ja schon im vorigen Kapitel gesehen. Genau-

lesen – fassen – finden

soleicht kann man sich damit auch eine ganze Geschichte vorstellen. Die Geschichte für die Übung 10 ist ganz einfach.
Während die Mutter den Stadtplan *lesen* muß, um die Gasse zu suchen, *faßt* sie der Junge am Rock, denn er *findet* sie schon vor ihr. Beide *verlassen* dann den Bürgersteig und gehen in die Gasse hinein .... und so weiter. Den Rest machst du bitte wieder allein.

Übung 10 (1,5 Minuten):
Zeitwörter

lesen – fassen – finden – verlassen – sterben – arbeiten – ziehen – besuchen – studieren – ablegen – beginnen – zutragen – stoßen – übereinanderliegen – freilegen.

Wir machen wieder Spiele: Diesmal sollst du keine Linien verfolgen, sondern den Weg in einem Irrgarten. Auch hierbei darfst du weder Finger noch Bleistift benutzen und mußt den richtigen Weg mit den Augen suchen. Das Ist gar nicht so leicht, denn jede Sackgasse mußt du dabei im Kopf behalten, damit du dort nicht noch einmal hineinläufst. Wenn du fertig bist, dann versuchst du später noch öfter, den Weg aus dem Kopf heraus zu finden, solange, bis du ohne Fehler mehrmals hintereinander den Weg in jedesmal 10 Sekunden schaffst. Du darfst dabei aber auf keinen Fall den Weg mit dem Bleistift markieren.

Übung 11:
Hier verfolgst du mit den Augen den Weg von Start nach A

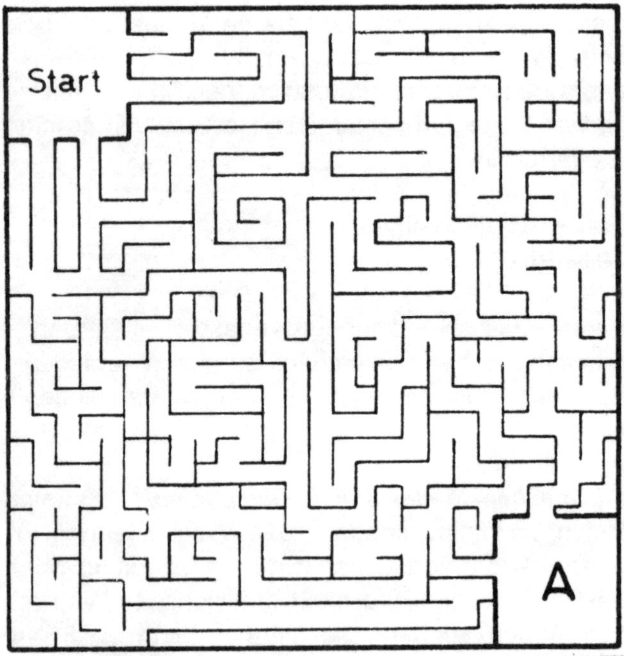

Da wir gerade dabei sind, Spiele zu machen, bleiben wir auch dabei. Hast du schon einmal von dem Spiel gehört *Herr M. verreist?* Ab heute gewinnst du immer bei dem Spiel. Du ahnst vielleicht schon wieso. Du weißt ja, daß jeder Mitspieler einen Gegenstand nennen muß, den *Herr M.* mitnimmt, wenn er verreist. Der erste sagt zum Beispiel *Koffer,* der nächste *Handtuch,* der dritte *Kamm,* dann wird *Bücher* genannt und so weiter. Dabei entsteht aber nichts anderes als eine Wortreihe, und wie du sie behältst, das weißt du schon längst. Du stellst dir einfach vor, wie *Herr M.* in den *Koffer* ein *Handtuch* einpackt. Das Handtuch ist zusammengewickelt, und daraus schaut ein *Kamm* hervor. Der Kamm fällt Herrn M. auf seine *Bücher* und immer so weiter.

In der Übung 12 stehen schon 6 Reisesachen, zu denen du noch einige dazuerfindest, bis es 15 Stück sind. Dann stellst du dir die Geschichte bis zum Ende vor. Wenn du dieses Spiel mit deinen Freunden spielst, dann werden sie staunen, daß du nicht nur alle Wörter fehlerfrei vorwärts im Kopf hast, sondern auch noch rückwärts. Das macht dir keiner nach.

Übung 12:
Herr M. verreist

Koffer – Handtuch – Kamm – Bücher – Pfeife – Angel – . . . .

Etwas aus der Schule: Solche Wortketten kannst du natürlich auch schon für die Schule anwenden. Wenn du dir zum Beispiel in Erdkunde oder Sachkunde merken mußt, was *Frankreich* oder *die USA* für Produkte einführen oder auch ausführen, dann schreibst du einfach wieder alle Produkte in einer Kette auf und stellst dir dazu eine Geschichte vor. Nehmen wir einmal an, ein Land führt folgende Produkte ein: *Kohle – Öl – Maschinen – Gewebe – Weizen.* Dann stellst du dir vor: ein Berg schwarzer *Kohle* wird in einen großen Öltank geschüttet. Das *Öl* läuft über und macht die *Maschinen,* die daneben stehen, an einer Seite ganz fettig. An der anderen Seite kommt meterweise *Gewebe* heraus, das die Maschine herstellt. In dieses Gewebe wird *Weizen* verpackt.

So ist das *natürlich nicht* in Wirklichkeit, sondern du stellst dir das nur so vor, um die Wörter besser lernen zu können. Dabei mußt du aber auch wissen, um welches Land es sich handelt. Dazu mußt du diese Bildergeschichte in dem Land sehen, um das es sich handelt. Irgend etwas anderes weißt du von diesem Land sicher schon. Wenn du von *Frankreich* beispielsweise die riesigen Weingärten kennen würdest, dann könntest du dir diese Geschichte dort in den Weingärten vorstellen. Versuche es einmal, indem du dir dein Erdkunde- oder Sachkundebuch aufschlägst und irgendein Land herausgreifst.

Du bist ein Lehrer: Warst du schon einmal Lehrer? Jetzt kannst du einer sein, denn in der Übung 13 habe ich viele Fehler gemacht, die du suchen sollst. In dieser Übung gehören immer 8 Buchstaben zusammen, 4 oben und 4 darunter. Eigentlich sollten die 4 Buchstaben darunter genauso sein wie die 4 darüber, aber in jeder Gruppe habe ich einen Fehler versteckt, den du finden und unterstreichen sollst. Insgesamt mußt du 16 Fehler finden. Versuche so schnell wie möglich, sie zu finden.

Übung 13:

DBZU DBCU	VGRD WGRD	TGVD THVD	OKHG ÖKHG
VFDE VEDE	JNGT JNKT	UTDE UTDF	KLJT KLJY
VBFR VBRR	YAEZ TAEZ	UJLP UKLP	FEOA FEQA
LGJR LKJR	ZHNF ZFNF	EDVB EFVB	ERTZ IRTZ

Die letzte Übung: Aus dem vorherigen Kapitel weißt du, daß wir zum Schluß eine schwierige Übung als Generalprobe gemacht haben. Das gleiche machen wir auch hier, nämlich mit der Übung 14. Die Übung 14 hat 25 Wörter in gemischter Form. Diese Wörter stammen aus der 4. Geschichte im letzten Kapitel unseres Buches, wo eine Art kleine Insel im Meer entsteht. Du versuchst nun, dir in 3 Minuten aus diesen Wörtern eine eigene Geschichte auszudenken und vorzustellen, damit du diese Begriffe wieder hersagen kannst. Wenn die drei Minuten um sind, dann schreibst du diese Wörter einmal vorwärts und einmal rückwärts aus dem Kopf auf. Vorher aber liest du dir diese Übung nur durch, um festzustellen, ob dir auch alle Wörter bekannt sind. Wenn dir diese Übung zu schwer ist, dann laß dir mehr Zeit als nur drei Minuten, oder du läßt sie ganz weg und machst sie vielleicht später einmal.
Das Bild, das ich dazu gemalt habe, ist aus der Mitte der Wortreihe.

Übung 14 (3 Minuten):
gemischt

Land – tropisch – Ozean – Kranz – umgeben – Riff – sinken – Landabsteigen – Meeresspiegel – wachsen – hoch – entstehen – allmählich – Entfernung – klein – Wal – verschwinden – vollständig – unter – bleiben – ruhig – Wasser – umschließen.

Übersicht: Bevor du dieses Kapitel beendest, stelle ich dir noch einmal 5 Fragen, denn ich bin neugierig, was du alles in diesem Kapitel gelernt hast. Die Antworten zu den Fragen stehen wieder darunter.

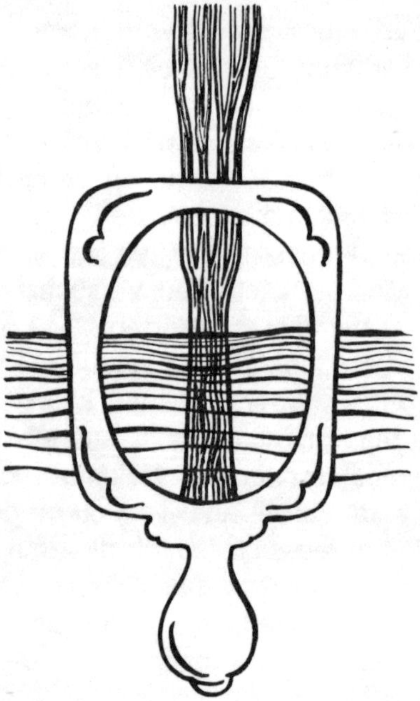

Meeresspiegel – wachsen – hoch
(weil es nicht leicht ist, sich einen Meeresspiegel vorzustellen, schaue ich einfach durch einen Spiegel auf das Meer, und aus ihm sehe ich etwas wachsen, hoch und immer höher!)

5 Fragen:

1. Was ist das Neue an den Wörtern in diesem Kapitel?
2. Wie behältst du 10 oder 20 Wörter auf einmal?
3. Kannst du die Wörter hinterher nur vorwärts oder auch rückwärts?
4. Glaubst du, daß man Stichwörter, die man aus einem Text herausschreibt, auch so behalten kann?

5. Wo gibt es außer den Produkten, die ein Land ein- oder ausführt, noch andere Wortreihen, die man in der Schule behalten muß?

Hier die 5 Antworten:

1. Die Wörter in diesem Kapitel sind Wortreihen, die in der richtigen Reihenfolge behalten werden.
2. Ich stelle mit diese Wörter als Geschichte vor.
3. Hinterher kann ich diese Wörter vor- und rückwärts aufsagen.
4. Ja, Stichwörter sind *auch Wortreihen,* damit werden wir uns aber noch im letzten Kapitel beschäftigen.
5. Zum Beispiel: Bodenschätze, die in einem bestimmten Gebiet gefunden werden (Erdkunde), oder die Einzelteile einer Maschine (Physik, Sachkunde), oder der Aufbau von Pflanzen und Tieren (Biologie), aber auch der Aufbau eines Staates und die Reihenfolge der verschiedenen Kaiser und Könige (Staatsbürgerkunde, Geschichte).

Na also, hätten wir das auch hinter uns. Im nächsten Kapitel wird es aber erst richtig spannend, denn da geht es um Sätze und Zahlen. Bis später!

4. Kapitel
Wir behalten Zahlen und Sätze

Welche Sätze kommen oft vor: Die Zahlen und Sätze, für die du in diesem Kapitel Kniffe lernst, sind sehr wichtig für Biologie, Erdkunde, Sachkunde und auch manchmal für Geschichte. Wenn du einmal ein Biologiebuch aufschlägst, dann findest du fast auf jeder Seite Sätze wie: *Die Hinterpfote der Katze hat vier Krallen, die Nadeln einer Tanne werden drei Zentimeter lang* oder *eine Kuh gibt vierzehn Liter Milch am Tag.* Solche Sätze gibt es auch in der Geschichte: *Der erste Weltkrieg dauerte vier Jahre* und oft in Sachkunde: *Eine bestimmte Kirche hat sechs Türme* und so weiter.
Wenn es uns nun mit einem Kniff gelingt, uns solche Sätze mit Zahlen viel einfacher zu merken, dann wäre das doch ganz prima. Wir werden einmal zusammen überlegen, wie wir das anstellen müssen. Jeder Satz, den du dir merken willst, soll dir irgend etwas erklären, was du dann im Gedächtnis hast, was du also weißt. Damit dir aber ein solcher Satz etwas erklären kann, mußt du ihn verstehen, und jeden Satz, den du verstehst, kannst du dir auch vorstellen. Nehmen wir einmal den Satz »Die Kuh gibt vierzehn Liter Milch am Tag«. Du kannst dir doch bestimmt gut vorstellen, wie der Melker *jeden Tag* kommt und *die Kuh dann immer viel Milch abgibt.* Wenn du dir das Bild so vorstellst, dann weißt du, daß die Kuh jeden Tag *viel Milch* gibt.

Was machen wir mit den Zahlen: Ohne Zahlen ist das bis jetzt ganz einfach. Was sollen wir aber mit den *14 Liter Milch* machen, die in dem Satz noch stehen? Wie willst du dir 14 Liter genau vorstellen? Es genügt nicht, wenn du dir einen Eimer voll mit ungefähr 14 Litern vorstellst, denn das könnten genausogut 13 oder 15 Liter sein. Und wenn du dir die 14 als Zahl auf dem Eimer aufgedruckt vorstellst, hilft es dir auch nicht mehr, genausogut könntest du dir die Zahl 14 auswendig merken. (Wenn du dir aber doch Zahlen und Wörter so vorstellst, wie sie geschrieben werden, dann prägen sie sich zwar etwas besser ein, aber wir wollen uns ja noch eine bessere Methode ausdenken!) Weil wir also mit Zahlen nicht so gut etwas anfangen können, denken wir uns einfach neue Zahlen aus, und zwar solche, die man sich gut vorstellen kann. Nehmen wir einmal die Zahl 0. Für die 0 denken wir uns eine Seifenblase aus, weil sie so ähnlich aussieht wie die Zahl 0. Wenn wir uns jetzt die Zahl 0 merken müssen, dann stellen wir uns einfach eine Seifenblase vor, die uns immer an die Zahl 0 erinnert. In der Übung 15 kannst du unsere neuen Zahlen von 0 bis 14 sehen, mit denen wir dann später in anderen Übungen das Behalten lernen. Darunter habe ich dir diese neuen Zahlen erklärt.

Die 1 hat große Ähnlichkeit mit einem Zauberstab, deshalb stellst du dir für die 1 einen Zauberstab vor. Bei der 2 denkst du an die ähnliche Form eines Schwans. Für die 3 nehmen wir ein dreiblättriges Kleeblatt, das du dir leicht vorstellen kannst. Da die meisten Stühle 4 Beine haben, nehmen wir einen Stuhl für die 4. Bei der 5 brauchst du dir nur eine Hand mit fünf Fingern vorzustellen.

Übung 15:

0 

1 

2 

3 

4 

5 

6 

7 

8 

9 

10 

11 

12 

13 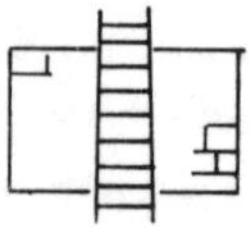

14 

Die 6 sieht dem Elefanten ähnlich, wenn er seinen Rüssel einrollt. Die 7 hat eine ähnliche Form wie eine Fahne. Du hast sicher auch schon die Eieruhr in eurer Küche gesehen, die du dir sehr gut für die 8 vorstellen kannst. Bei der 9 nimmst du eine Pfeife, und für die 10 einen Stock mit einem Ball. Beides sieht den Zahlen sehr ähnlich. Für die 11 denken wir uns zwei Spaghetti aus und für die 12 nehmen wir einen Geist, der immer um 12 Uhr nachts erscheint. Vielleicht hast du schon einmal gehört, daß es Unglück bedeuten soll, wenn man unter einer Leiter langgeht, die an eine Mauer angelehnt ist. Da die 13 auch eine Unglückszahl ist, stellst du dir für sie eine Leiter an die Mauer angelehnt vor. Für die letzte Zahl 14 denkst du an zwei Blitze. die in der Form der 14 vom Himmel herunterzucken.

Jetzt haben wir uns für jede Zahl ein ähnliches Bild ausgedacht, mit dem sich sehr leicht Zahlen behalten lassen. Bevor wir aber die erste Übung machen, stellst du dir noch einmal alle Bilder dieser Zahlen vor, damit sie sich besser einprägen.

Wir behalten die ersten Sätze: Die Übung 16 hat fünf einfache Sätze mit einer Zahl, die du dir merken sollst. Unter dieser Übung stehen dann fünf Fragen, die du beantwortest, indem du an die Bilder denkst, die du dir zu jedem Satz vorgestellt hast. Um dir noch etwas zu helfen, erkläre ich dir für zwei Sätze die Bilder, die ich mir vorgestellt habe. Bei dem Satz *Die Füße der Hühner haben vier Zehen* stelle ich mir vor, wie einige Hühner mit ihren Füßen einen *Stuhl* zerkratzen, also *Stuhl = 4, das bedeutet vier Zehen an den Füßen.* Für den Satz *Die Wanderratte bekommt bis zu zehn Junge* sehe ich immer das Bild, wie die Ratte mit einem ihrer Jungen wandert und sich dabei an einem *Stock* festhält, weil sie auf dem *Ball* balanciert. Der Stock mit dem Ball sagt dir dann wieder, daß es sich um 10 Junge handelt. Wie lustig das aussieht, kannst du auf unserem Bild sehen. Würde ich dich jetzt fragen, wieviele Junge die Wanderratte bekommt, dann brauchst du nur an das Bild mit dem Stock und dem Ball zu denken, und schon weißt du: *Stock und Ball = 10, das bedeutet 10 Junge.*

Die Wanderratte bekommt bis zu 10 Junge

Stelle dir jetzt bitte die ganze Übung 16 vor und beantworte dann die Fragen.

Übung 16 (1 Minute):
Fünf einfache Sätze mit einer Zahl

Der Maikäfer hat *zwei* Fühler.
Die Katze hat an jeder Vorderpfote *fünf* Krallen.

Die Wanderratte bekommt bis zu *zehn* Junge.
Die Füße der Hühner haben *vier* Zehen.
Die Nadeln einer Tanne sind *drei* Zentimeter lang.

Fragen:
Wie viele Fühler hat der Maikäfer?
Wie viele Krallen hat die Katze an jeder Vorderpfote?
Wie viele Junge bekommt die Wanderratte?
Wie viele Zehen haben die Füße der Hühner?
Wieviel Zentimeter lang sind die Nadeln einer Tanne?

Wenn du die Fragen richtig beantwortet hast, dann kannst du auch einmal versuchen, sie in ungeordneter Reihenfolge zu beantworten, das ist sicher etwas schwieriger.

Wenn du jedesmal alle Fragen richtig beantwortet hast, dann kannst du schon die nächste Übung versuchen. Auch hier stellst du dir wieder alle Sätze mit den Zahlen als Bilder vor. Diesmal gebe ich dir nur *eine* Hilfe, denn ich mußte damals auch alle anderen Sätze allein schaffen.
Wenn du dir merken willst: *Unser Planetensystem besitzt neun Planeten,* dann stellst du dir vor, wie um unsere Sonne herum Planeten kreisen und auch eine Pfeife, denn die erinnert dich an die *neun* Planeten. Als Bild sieht das Ganze sehr lustig aus.

Wenn dir bei dieser Übung und bei den anderen einige Sätze zu schwer sind, dann läßt du sie wieder aus und machst sie später vielleicht einmal nach. Es gibt dafür sicher auch solche Sätze, die du vielleicht zu leicht findest. Das kommt daher, weil ich ja nicht wissen kann, was du alles schon in der Schule gelernt hast und was noch nicht.

Unser Planetensystem besitzt 9 Planeten.

Versuche jetzt einmal, die Übung 17 in zwei Minuten zu schaffen.

Übung 17 (2 Minuten):
Zehn einfache Sätze mit einer Zahl

Das Mittelohr des Menschen hat *drei* Gehörknöchelchen.
Eine Kuh gibt am Tag rd. *vierzehn* Liter Milch.
Vogelspinnen können bis zu *zehn* Zentimeter lang werden.
Unser Planetensystem besitzt *neun* Planeten.
Der Buntspecht trommelt in seinem Revier oft *vierzehn* Schläge auf einmal.
Gerade geborene Braunbären bleiben etwa *vier* Wochen lang blind.
Ausgewachsene Feldhasen wiegen *fünf* Kilogramm.

Die Nester der Eichhörnchen haben meistens *zwei* Öffnungen.
Der Erste Weltkrieg hat *vier* Jahre gedauert.
Der Vogel Strauß legt im Schnitt *dreizehn* Eier.

Bevor ich dir jetzt die Fragen zu diesen Sätzen stelle, möchte ich dir noch schnell erzählen, was mir bei diesen Übungen passiert ist. Manchmal habe ich keine Lust gehabt, mir Bilder vorzustellen, und ich hab' die Sätze nur auswendig gelernt. Das war aber ganz falsch, denn ich sollte doch mit diesen Sätzen üben, wie ich mir Zahlen vorstelle. Deshalb mußt du dir auf jeden Fall die Zahlen in den Sätzen vorstellen, auch wenn du die Sätze vielleicht so behältst, sonst kannst du die Kniffe und Tricks ja gar nicht, wenn das Buch zu Ende ist.

Hier jetzt die Fragen:
Wie viele Gehörknöchel hat das Mittelohr?
Wieviel Liter Milch gibt eine Kuh?
Wieviel Zentimeter lang werden Vogelspinnen?
Wie viele Planeten besitzt unser Planetensystem?
Wie viele Schläge auf einmal trommelt der Buntspecht?
Wie viele Wochen bleiben junge Braunbären blind?
Wieviel Kilogramm wiegen erwachsene Feldhasen?
Wie viele Öffnungen haben die Nester der meisten Eichhörnchen?
Wie lange dauerte der Erste Weltkrieg?
Wie viele Eier legt der Vogel Strauß meistens?

Wir machen wieder Spiele: Bei der Übung 18 will ich einmal sehen, wie schnell du Zahlen zählen kannst. Das ist doch ganz einfach, wirst du jetzt sagen, aber ich habe die Zahlen vorher durcheinandergerüttelt, damit es doch nicht ganz so einfach ist. In dem großen Kasten unten sind die Zahlen von 1 bis 30 aufgeschrieben, und du sollst sie nun alle zählen, der Reihe nach von 1 bis 30. Wenn du damit fertig bist, dann zählst du sie noch einmal rückwärts von 30 bis 1. Auch hier wieder würde ich mich ganz besonders freuen, wenn du dieses Zahlenspiel öfter machst, vielleicht jeden zweiten Tag einmal?

Übung 18:
Die letzte Zahl ist 30

Jetzt kommen schwere Sätze: Es gibt manchmal Sätze, die nicht nur eine Zahl haben, sondern gleich mehrere. In der Übung 19 stehen solche Sätze, die immer zwei Zahlen haben. Dabei mußt du dir natürlich *2 Zahlen* in deinem Bild vorstellen, damit du sie auch behältst. Wie das aussieht, zeige ich dir in dem Satz: *Frisch geborene Eichhörnchen wiegen bis zu zwölf Gramm und sind fünf Zentimeter lang*. Stelle dir einfach vor, wie ein Eichhörnchen, das gerade geboren wurde, gewogen wird. Es ist genauso schwer wie der Geist (12) in der anderen Waagschale und ebenso lang wie eine Hand (5). Auf unserem Bild kannst du das gut erkennen.

Frisch geborene Eichhörnchen wiegen bis zu 12 Gramm und sind bis 5 Zentimeter lang

Wenn du dir das Bild angeschaut hast, dann stellst du dir die ganze Übung 19 vor.

Übung 19 (2 Minuten):
4 einfache Sätze mit 2 Zahlen

Löwen erlegen im Schnitt alle *vier* Tage *ein* Stück Wild.
Frisch geborene Eichhörnchen wiegen bis *zwölf* Gramm und sind *fünf* Zentimeter lang.

Das Herz des Menschen hat *zwei* Vorkammern und *zwei* Herzkammern.
Ein Pferd frißt *acht* Kilogramm Heu und *fünf* Kilogramm Hackfrüchte am Tag.

Fragen:
Wieviel Wild erlegen Löwen alle wieviel Tage?
Wieviel Gramm wiegen junge Eichhörnchen, und wieviel Zentimeter sind sie lang?
Wieviel Vorkammern und wieviel Herzkammern hat das Herz?
Wieviel Kilogramm Heu und wieviel Kilogramm Hackfrüchte frißt das Pferd am Tag?

Jetzt kommt die Generalprobe: Die Generalprobe muß natürlich wieder die schwerste Übung sein, sonst gilt sie nicht. Deshalb habe ich mir acht schwierige Sätze ausgedacht, die du dir vorstellen sollst, um sie dir zu merken. Nach den 4 Minuten, die über der Übung stehen, beantwortest du alle Fragen und vergleichst. Ich bin gespannt, wieviele Sätze du inzwischen schon behalten kannst. Bestimmt weit über die Hälfte. Zu dem letzten Satz gebe ich dir noch eine kleine Hilfe durch eine Zeichnung.
Bei los geht's los!

Übung 20 (5 Minuten):
Acht schwierige Sätze mit zwei Zahlen

Rohe Kakaobohnen bedeckt man mit Bananenblättern und läßt sie *zwei* bis *zehn* Tage gären.
Hunde können erst *drei* Wochen nach der Geburt richtig sehen und werden *zwölf* Jahre alt.
Der Mensch besitzt *sieben* Halswirbel und *sieben* Brustwirbel.

Es gibt 3 Ahornarten und 4 Wildtaubenarten

Wenn es bei uns *zwölf* Uhr mittags ist, dann ist es in New York *sechs* Uhr morgens.
Die Katze wird im Durchschnitt *zehn* Jahre alt und hat an jeder Hinterpfote *vier* Krallen.
Der Mensch hat in jeder Kieferhälfte *zwei* Schneidezähne und *zwei* Backenzähne (Milchzähne).
Eine Sau bekommt bis zu *zwölf* Ferkel, und die Schleiereule legt bis zu *sieben* weiße Eier auf einmal.
Es gibt *drei* Ahornarten und vier Wildtaubenarten.

Fragen:
Wie lange läßt man Kakaobohnen unter den Bananenblättern gären?
Nach wieviel Wochen sehen Hunde und wie alt werden sie?
Wieviel Hals- und wieviel Brustwirbel hat der Mensch?
Wieviel Uhr ist es bei uns und in New York zu einer bestimmten Zeit?
Wie alt werden Katzen, und wieviel Krallen haben sie an den Hinterpfoten?
Wieviel Schneide- und Backenzähne hat der Mensch in jeder Kieferhälfte?
Wieviel Ferkel bekommt die Sau, und wieviel Eier legt die Schleiereule?
Wieviel Ahornarten gibt es und wieviel Wildtaubenarten?

Übung 21:

Achtung! Wir zählen wieder Buchstaben: Denn das Buchstabenzählen macht mir immer so viel Spaß, daß ich mir noch so eine Übung ausgedacht habe. Diesmal aber zählen wir in diesem Text andere Buchstaben, nämlich b, d und p. Natürlich zählst du sie wieder hintereinander, zuerst b, dann d und zum Schluß p. Wie auch bei der ersten Übung beginnst du hinter dem Wort Achtung und hörst genau vor dem Wort Stop auf. Alle kleinen und alle großen Buchstaben zählen natürlich, so haben wir das ja immer gemacht. Also, versuche, die Buchstaben so schnell wie möglich richtig zusammenzuzählen, und schreibe dann das Ergebnis wieder darunter. Stop!

Wieviel b: ________
Wieviel d: ________
Wieviel p: ________

Die Lösung steht am Ende der Übersicht.

Übersicht
Zum Schluß möchte ich wieder wissen, was du alles in diesem Kapitel gelernt hast. Deshalb beantwortest du bitte die folgenden fünf Fragen.

5 Fragen:
1. Was benutzt du anstelle der Zahlen?
2. Wie sehen die 15 Bilder für unsere Zahlen aus?
3. Was hast du dir in den meisten Übungen dieses Kapitels gemerkt?
4. Wo kommen Sätze mit Zahlen eigentlich in der Schule vor?
5. Was kannst du noch tun, um dieses Kapitel besser im Kopf zu behalten?

Hier die 5 Antworten:

1. Ich benutze für die Zahlen Bilder.
2. Die Antwort gibt dir Übung 15.
3. Ich habe mir Sätze mit Zahlen gemerkt.
4. Solche Sätze mit Zahlen kommen meistens in Biologie, Erdkunde, Geschichte und Sachkunde vor (blättere deine Bücher einmal durch, du findest sehr viele von diesen Sätzen!).
5. Wenn dir nichts dazu eingefallen ist, dann versuche doch einmal folgendes Spiel: Wir brauchen zwei Mitspieler oder mehr. Einer nennt eine Zahl zwischen 0 und 14. Wer von den anderen zuerst das Bild für diese Zahl nennt, hat gewonnen und bekommt einen Punkt. Nun kann er selbst eine Zahl nennen, und wer wieder zuerst das zugehörige Bild aufruft, bekommt einen Punkt und ist als nächster an der Reihe. Spielt einmal dieses Spiel, es wird euch viel Spaß machen.

Hier noch schnell die versprochene Lösung für die Buchstaben b, d und p. Wenn du richtig gezählt hast, dann mußt du 21 b, 29 d und 4 p gefunden haben.

Im nächsten Kapitel sehen wir uns wieder.

5. Kapitel
Wir machen weniger Fehler im Diktat

Die große Pleite: Gestern hat mir mein Lehrer das deutsche Diktatheft zurückgegeben. Als ich es aufschlug, habe ich mich unheimlich geärgert. Ich habe nämlich 15 Fehler gemacht, obwohl ich doch die ganze Woche für das Diktat geübt hatte. Ich hab mir dann überlegt, was ich wohl machen kann, damit ich weniger Fehler schreibe. Deshalb habe ich mich hingesetzt und überlegt, wie ich das wohl ändern könnte. Endlich kam mir eine Idee. Ich habe mir alle Buchstaben von a bis z und das ß angeschaut und überlegt, welche Bilder ich mir dazu ausdenken könnte, genauso wie wir das mit den Zahlen gemacht haben. Zum Beispiel habe ich mir gesagt: Das u sieht doch so ähnlich aus wie ein Hufeisen oder das t wie ein Kreuz. Anstatt *auswendig zu lernen*, daß ein Wort mit t geschrieben wird, stelle ich mir einfach ein Kreuz vor, weil wir ja gesehen haben, daß man viel einfacher und besser behält, wenn man sich Bilder vorstellt. Dann habe ich mich darangemacht und für dich alle die Bilder gezeichnet, die ich mir ausgedacht habe. Schau dir die Bilder einmal in der Übung 22 an und male dir jedes einzelne einmal mit geschlossenen Augen aus.
Bevor ich dir erkläre, was du denn nun immer mit den Buchstaben machen mußt, sollst du dir diese neuen Bilder noch etwas besser einprägen. Am besten machst du ein kleines Spiel mit deinen Freunden oder mit deiner Mutter. Du bittest sie, dir ein Wort

Übung 22:

a Rucksack 

b Känguruh 

c Bumerang 

d Schöpfkelle 

e Schlinge 

f Spazierstock 

g Papierrolle 

h Stuhl 

i Streichholz 

j Stehaufmännchen 

k Lotse 

l Haken 

m Zaun 

n Vogel 

o Ei 

p Schmetterlingsnetz 

q Laterne 

r Angelhaken 

s Schlange 

t Kreuz 

u Hufeisen 

v Eistüte 

w Zieh-harmonika 

x Kreuzung 

y Stein-schleuder 

z Kurve 

ß Peitsche 

zu nennen und eine Zahl. Vielleicht sagt sie *Auto* und die Zahl 3. Dann mußt du so schnell wie möglich den dritten Buchstaben aufrufen. Dieser ist in unserem Falle ein t. Aber du darfst nicht den Buchstaben selbst nennen, sondern mußt das Bild aus der Übung 22, *das dem Buchstaben zugehört*, aufrufen. Wenn also Auto und 3 genannt werden, dann sagst du so schnell wie möglich: *Kreuz*. Ich gebe dir noch ein Beispiel: Wenn dir dein Freund oder deine Mutter das Wort *fressen* sagt und die Zahl 5, dann mußt du *Schlange* sagen und so weiter. Immer derjenige, der sich als erster an das Bild erinnert, bekommt einen Punkt. Dadurch merkst du dir unsere Bilder sicher sehr schnell, mir ist das jedenfalls *nicht schwergefallen.*

Unser erstes »Diktat«: Du hast sicher schon einmal früher das Wort *Lehrer* falsch geschrieben, weil du den Buchstaben *h* vergessen hast. Aber das ist nur

deshalb passiert, weil du dir einfach nicht merken kannst, daß *Lehrer* mit *h* geschrieben wird. Was hast du dann gemacht? Vielleicht hast du dir gemerkt, das Wort *Lehrer* ist gedehnt, und das *h* ist ja zum Dehnen da. Aber dann hast du das Wort sicher manchmal mit *Doppel-e* geschrieben, weil ein *Doppel-e* ja auch dehnt. Damit so etwas nicht mehr passiert, stellen wir uns auch bei Buchstaben wieder Bilder vor.
Und wie wir das machen, ist sehr einfach zu erklären. Das *h* in dem Wort *Lehrer* sieht aus wie ein *Stuhl*. Deshalb stellst du dir jetzt mit geschlossenen Augen vor, wie ein *Lehrer* auf einem *Stuhl* sitzt. Was, glaubst du, passiert wohl, wenn du den Stuhl einfach wegziehst? Ganz klar, dann fällt der Lehrer auf die Nase; das darf natürlich nicht sein, und deshalb gehört der Stuhl unbedingt zu dem Lehrer. *Lehrer* wird also mit *h* geschrieben. Stell dir das einmal vor, es macht dir bestimmt Spaß.

Wenn du den Trick gut verstanden hast, den ich mir für die Diktate ausgedacht habe, dann tun wir einmal so, als hättest du ein Diktat geschrieben. In dem Diktat sind die fünf Wörter der Übung 23 vorgekommen, und alle diese fünf Wörter hast du falsch geschrieben. Deshalb überlegen wir jetzt gemeinsam, wie man sich ganz einfach vorstellen kann, mit welchen Buchstaben diese Wörter geschrieben werden. Das Wort *Roß* wird mit *ß* geschrieben. Bei dem *ß* wollten wir uns ja eine *Peitsche* vorstellen. Das paßt beides sehr gut in ein Bild, am besten stellst du dir vor, wie eine *Peitsche* knallt und das stolze *Roß* dazu trabt. Wie ich mir das mit geschlossenen Augen ausmale, kannst du auf dem Bild sehen, das ich wieder gezeichnet habe.

Roß

Ist das nicht einfach? Und Spaß macht es auch noch, nicht wahr? Hier aber erst einmal die Übung 23, in der die fünf Wörter stehen.

Übung 23:
Fünf Hauptwörter, die man gerne falsch schreibt

ein *Roß*
ein *Laib* Brot
ein *Rätsel*
eine *Kerze*
viele *Grüße*

Was würdest du dir vorstellen, wenn du dir merken willst, daß der *Laib* Brot mit a geschrieben wird? Buchstabe *a* ist der *Rucksack*. Vielleicht steckst du einen riesigen *Laib* Brot in einen *Rucksack*, so daß er noch oben herausschaut. Dieses Bild kann man sich sehr schön ausmalen, und dann versuchst du, ob du es auch zeichnen kannst.
Bei dem Wort *Rätsel* stelle ich mir immer eine *Schlange* für das *s* vor. Ich löse gerade ein schwieriges *Rätsel*, und dabei kriecht eine *Schlange* über mein Blatt.
Das Wort *Kerze* wird ohne *t* geschrieben, wie du schon oft gehört hast. Wenn du es doch manchmal mit *t* schreibst, dann stellst du dir einfach ein *Kreuz* vor, das in einer *Kerze* steckt. Siehst du, wie die Kerze dabei ausgeht und zerbricht? Das ist doch ganz klar, man darf ein *Kreuz nicht in eine Kerze stecken*, und deshalb darf auch kein *t* in das Wort *Kerze* hinein!
Bei dem letzten Wort *Grüße* stelle ich mir vor, wie der Postillion mir *Grüße* zuwinkt und dabei laut mit der Peitsche knallt. Also wird *Grüße* mit *ß* geschrieben.

Versuche nun auch noch einmal, die letzten drei Bilder zu zeichnen, und dann laß dich einmal abfragen, wie die fünf Wörter der Übung 23 geschrieben werden. Du kannst sie dabei hinter die Übung schreiben.
Vielleicht meinst du, daß man sich immer bei allen Wörtern, die man schreiben will, etwas vorstellen muß. Das ist nicht richtig, denn es gibt so viele Wörter, die du dir ganz normal einprägen kannst, wenn du sie dir einige Male angeschaut hast. Versuche also nicht, dir für jedes Wort, das dir schwer vorkommt, gleich ein Bild auszumalen, denn das wäre ja viel zu umständlich.
Für andere Wörter wiederum gibt es *lustige Merksätze*, die deinem Gedächtnis helfen. Du kennst sicher den Satz: »Wer nämlich mit h schreibt, ist dämlich.« Bei diesen Merksätzen sollst du dir natürlich auch nichts vorstellen, weil du dir ja schon den Satz gut merken kannst. Aber es bleiben immer noch einige Wörter übrig, die wollen einfach nicht in den Kopf, und *für einen Teil dieser Wörter* kannst du unsere Buchstabenbilder benutzen. Es geht leider nicht bei allen, weil es Wörter gibt, die viel zu schwer sind, um sich darunter etwas vorzustellen.
Wir wollen uns jetzt solche Wörter anschauen, bei denen es schon etwas schwieriger ist, sich ein Bild vorzustellen. Das sind nämlich *Zeitwörter* und *Eigenschaftswörter* der Übung 24.

Übung 24:
Fünf Zeit- und Eigenschaftswörter, die man oft falsch schreibt

folgen	fressen
blank	unterwegs
unbedingt	

Bevor du weiterliest, überlegst du einmal, was man sich vorstellen muß, um sich zu merken, daß *folgen* mit *f* geschrieben wird, *blank* mit *k*, *unbedingt* mit *g*, *fressen* mit *ss* und *unterwegs* auch mit *g*.
Wenn du dir etwas ausgedacht hast, dann versuche, diese Bilder wieder zu zeichnen. Danach liest du dir durch, was ich mir vorgestellt habe.

Jetzt kann ich dir verraten, was ich mir bei Übung 24 vorgestellt habe. Bei dem Wort *folgen* stelle ich mir vor, wie ich jemandem mit einem großen *Spazierstock (f)* folge. Also wird *folgen* mit *f* geschrieben. Das *k* bei dem Wort *blank* ist ein *Lotse* und ich sehe diesen Lotsen mit *blanker* Kelle winken.
Bei dem Wort *unbedingt* treffe ich meinen Freund, der *unbedingt* eine *Rolle Papier* braucht. Wenn ich mir vorstelle, daß du vor lauter Hunger *zwei Schlangen fressen* willst, dann weiß ich, daß *fressen* mit *ss* geschrieben wird. Hierzu habe ich auch ein Bild gezeichnet. Bei *unterwegs* sehe ich eine Familie auf Reisen, die *unterwegs* eine *Rolle Papier* kauft, und ich weiß dann, *unterwegs* wird mit *g* geschrieben.

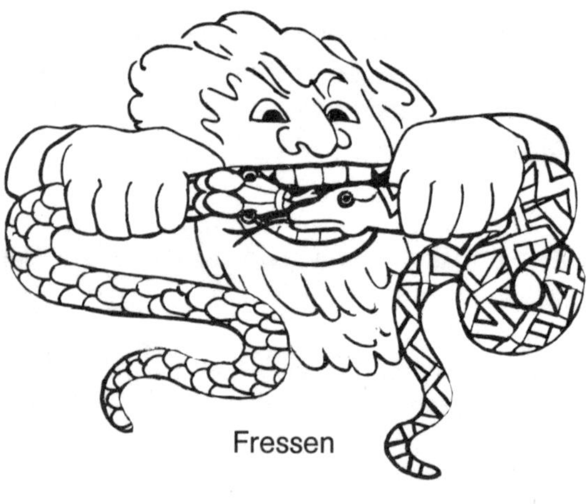

Fressen

Jetzt, wo du weißt, wie diese fünf Wörter geschrieben werden, schreibst du sie bitte aus dem Gedächtnis hinter die Übung 24 und vergleichst anschließend.

Wir machen wieder Spiele: In der Übung 25 siehst du eine Figur, die an ein Herz erinnert. Diese Figur ist wieder so etwas wie ein Irrgarten, und du sollst versuchen, *nur mit den Augen* den Weg von A nach B und wieder zurück von B nach A zu verfolgen.

Aber nicht mogeln, sonst gilt es nicht! Wenn du etwas übst, dann schaffst du das bestimmt auch in 30 Sekunden. Am besten machst du diese Übung jeden zweiten Tag einmal, denn sie hilft dir, dich besser in der Schule zu konzentrieren.

Übung 25

(Nach A. Zeddis): Nur mit den Augen verfolgen.

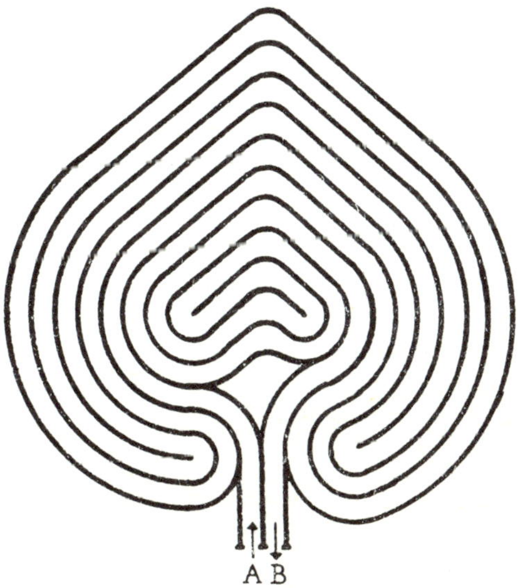

Ich kenne übrigens noch ein Spiel, das du mit deinen Freunden oder Eltern spielen kannst, ohne daß sie dieses Buch gelesen haben. Irgendeiner von euch sagt ein Wort wie zum Beispiel *Karton*. Alle anderen müssen nun versuchen, dieses Wort so schnell wie möglich laut zu rufen, aber, und das ist das Schwierige, *rückwärts*! Wer zuerst bei dem Wort Karton das Gegenstück *Notrak* aufruft, hat gewonnen und darf nun seinerseits ein Wort nennen. Sagt er zum Beispiel *Möbel*, dann müssen die anderen versuchen, wieder so schnell wie möglich *Leböm* aufzurufen. Wer das wieder als erster schafft, bekommt einen Punkt und kann das nächste Wort nennen. Wenn ihr das Spiel nach einiger Zeit etwas abwechseln wollt, dann kann derjenige, der gerade ein Wort nennen soll, dieses Wort rückwärts aufsagen, und die anderen müssen es so schnell wie möglich vorwärts erraten. Zu *Neppal* beispielsweise müßte dann *Lappen* aufgerufen werden und so weiter. Wer dieses Spiel noch etwas komplizierter machen will, sagt zu dem Wort noch eine Zahl hinzu, so wie ich dir das schon mal erklärt habe.
Zum Beispiel bei *kommen*: 4.
Das bedeutet dann wieder, daß du dir das Wort kommen sehr gut im Schriftbild vorstellen mußt, um den vierten Buchstaben zu erraten. Für *kommen* ist es diesmal das *m*.
Durch dieses Spiel lernt ihr, euch die *Schriftbilder* von Wörtern vorzustellen, und das ist eine gute Hilfe gegen *Legasthenie,* das bedeutet Rechtschreibschwäche. Spielt es ruhig öfter mal!

Wir merken uns noch einmal die Rechtschreibung:
Manchmal fällt es mir schwer, dir alles das, was ich schon über das Gedächtnis und die Konzentration

weiß, so gut zu erklären, daß du es auch immer verstehst. Wenn du also irgendwann einmal etwas nicht verstanden hast, weil ich es nicht gut erklärt habe, dann zeigst du diese Stelle im Buch einfach mal deiner Mutter. Vielleicht kann sie dir helfen.
Wir wollen uns jetzt in der Übung 26 gleich zehn Wörter auf einmal anschauen. Du versuchst, dir zu jedem Wort ein Bild vorzustellen, das du vielleicht dann auch noch aufmalst, wenn du Lust dazu hast. Welchen Buchstaben du dir immer merken mußt, steht hinter den Wörtern. Wenn du fertig bist, dann schaust du ein paar Zeilen weiter nach, was ich mir vorgestellt habe.

Übung 26:
Zehn Hauptwörter, die du manchmal falsch schreibst

Beule	mit e
Haupt	mit p
Fahrrad	mit rr
Heizung	ohne t vor dem z
Elefant	mit f
Schule	ohne h vor dem l
Saal	ohne h
Küche	ohne s vor dem ch
Apfel	mit p vor dem f
Walze	ohne t vor dem z

Hier kannst du jetzt sehen, was ich mir vorstelle

Beule: Ein Mann tritt in eine *Schlinge*, fällt hin und hat eine dicke *Beule* am Kopf.

Haupt: Du fängst mit deinem Freund Schmetterlinge und schlägst ihm dabei aus Versehen das *Schmetterlingsnetz* auf sein *Haupt*.

Fahrrad: Dein *Fahrrad* ist ins Wasser gefallen, du befestigst an jedem Ende einen *Angelhaken* (also zwei), um es herauszuziehen.

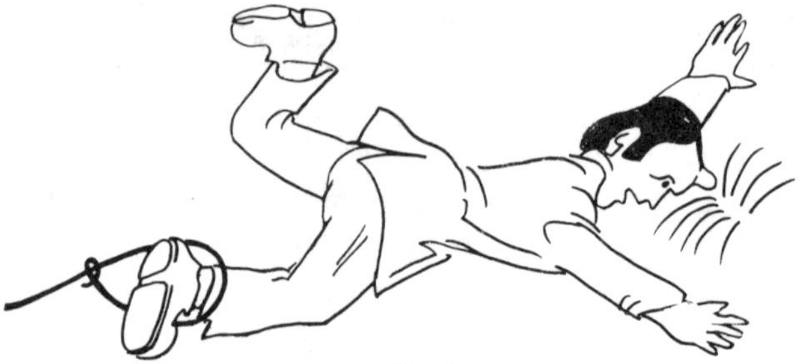

Beule

Heizung: Ein *Kreuz* steckt in der *Heizung*, deshalb funktioniert sie nicht, du wirfst das Kreuz weg, und die Heizung geht (Heizung wird also *ohne t* geschrieben).

Elefant: Ein *Elefant* stützt sich auf einen *Spazierstock*, weil er schon so altersschwach ist.

Elefant

Schule: Ich werfe alle *Stühle (h)* aus der *Schule* weil das *h* aus dem Wort *Schule* herausgehört.

Saal: Genauso wirfst du alle *Stühle* aus dem *Saal* und stellst dann noch zwei riesengroße *Rucksäcke* hinein.

Küche: Du jagst eine *Schlange* aus der *Küche*. Das *s* muß also raus!

Apfel: Mit einem *Schmetterlingsnetz* komme ich besser an die *Äpfel* heran, wenn ich sie pflücken will.

Walze: Eine Walze fährt ein *Kreuz* in Stücke, weil das Kreuz nicht in das Wort *Walze* gehört.

Wir sortieren Zahlen: Diesmal haben wir wieder eine kleine Übung mit Zahlen. Jede nur erdenkliche Zahl, die du kennst, ist entweder gerade oder ungerade, und du sollst nun gerade Zahlen von ungeraden unterscheiden, und zwar so schnell wie möglich.
In der Übung 27 haben wir vierzig dreistellige Zahlen. Also zum Teil gerade und zum Teil ungerade. Als erstes liest du bitte einmal nur die geraden Zahlen laut vor und achtest darauf, daß du möglichst keinen Fehler machst. Dann liest du laut so schnell wie möglich nur die ungeraden Zahlen. Ob du dabei die Zeilen von links nach rechts oder von rechts nach links liest, spielt keine Rolle. Du kannst aber, wenn du die Übung öfter machst, die Leserichtung wechseln, dann wird das Ganze noch interessanter.

Übung 27:
Gerade und ungerade Zahlen

374 685 857 451 978 075 571 454 253 483

473 786 351 675 907 463 065 224 874 885
573 857 961 674 546 345 312 683 996 883
776 223 122 876 345 213 675 947 344 223

Unsere Generalprobe: Was jetzt kommt, weißt du schon längst. Wir machen wieder eine schwierige Übung zum Abschluß, denn ich bin immer ganz fürchterlich neugierig, wie gut du meine Tricks schon beherrschst.
In der Übung 28 sind zehn Wörter, die du sicher auch schon mal falsch geschrieben hast. Du überlegst dir zu jedem Wort ein Bild mit unseren Buchstaben und schreibst anschließend alle Wörter neben die Übung so hin, wie sie deiner Meinung nach geschrieben werden. Um welche Buchstaben es diesmal in den Wörtern geht, steht wieder dahinter geschrieben. Also, auf los gehts los. Viel Glück und vor allem viel Spaß.

Übung 28:
Zehn verschiedene Wörter, die nicht immer leicht zu schreiben sind

häkeln	ohne c vor dem k
dort	mit t
Ferien	mit e hinter dem i
behalten	mit einem l
wenig	mit einem n
nächster	mit ch, nicht mit g
frühzeitig	mit g am Ende, nicht mit ch
Stiel	mit e hinter dem i
Faß	mit ß
Hals	mit s

Hier sind meine Bilder:

häkeln:	Beim *Häkeln* verfängt sich ein *Bumerang*, ich werfe ihn weg, also ohne c!
dort:	Ich bin im Museum, und der Führer sagt, *dort* hinten hängt ein altes *Kreuz*. Also dort mit t.
Ferien:	Ich habe in den *Ferien* viel Zeit, *Schlingen* und Fallen zu stellen.
behalten:	Ich habe zwei *Haken* gefunden, darf aber nur *einen behalten*, behalten also wird mit *einem l* geschrieben.
wenig:	Ich besitze *einen Vogel*, den ich nur *wenig* füttern muß.
nächster:	Ich mache Streiche, mein *nächster* ist, daß ich einen *Bumerang* auf einen *neuen Stuhl* nagele. Nächster wird also mit ch geschrieben.
frühzeitig:	Ich muß Sachen einpacken, zum Glück habe ich mir *frühzeitig* eine neue *Papierrolle* besorgt.
Stiel:	Ein *Stiel* hängt in einer *Schlinge*.
Faß:	Auf ein altes *Faß* ist eine schöne *Peitsche* gemalt.
Hals:	Um meinen *Hals* hängt eine zahme *Schlange*.

Du kannst übrigens auch für manche Wörter in der Rechtschreibung ganz eigene Ideen entwerfen, wenn du willst. Dabei brauchst du gar nicht erst unsere Buchstaben zu benutzen, wenn du es zum Beispiel so machst: Du weißt ja sicher, daß das Wort *Clown* mit *ow* geschrieben wird. Aber manchmal vergißt du das, und dann schreibst du dieses Wort falsch. Damit das nicht mehr passiert, kannst du dir vorstellen, wie ein *Clown* badet und dabei in einer Wanne mit viel

Schaum sitzt. Das Wort *Schaum* erinnert dich daran, daß das Wort *Clown* wie *au* gesprochen wird, und wenn der Schaum dem Clown bis zum Kopf steigt, dann ruft er laut: *o weh*; und du weißt dann, daß er sich mit *o* und *w* schreibt.
Du siehst, wir brauchen also nicht immer unsere Bilderbuchstaben. Versuch es doch einmal mit einigen anderen Wörtern, es macht dir bestimmt Spaß und geht ganz leicht.

Übersicht:
Wenn du glaubst, daß du alles in diesem Kapitel gut verstanden hast, dann versuchst du wieder, die folgenden fünf Fragen zu beantworten. Die Lösungen stehen darunter.

5 Fragen:
1. Was merkst du dir anstelle der Buchstaben?
2. Wie sehen die Bilder von a bis z und für ß aus?
3. Wobei hilft dir unser Spiel, bei dem du Wörter rückwärts aufrufen mußt?
4. Wie sehen die Konzentrationsübungen diesmal aus?
5. Überleg einmal, ob du unsere Buchstaben auch für Englisch benutzen kannst?

Hier die 5 Antworten:
1. Ich merke mir Bilder und stelle sie mir vor.
2. Die Lösung steht wieder in der Übung 22.
3. Damit ich diese Wörter überhaupt aufrufen kann, muß ich sie mir notgedrungen vorstellen, so wie sie geschrieben werden. Wenn ich darin etwas Übung habe, dann hilft mir das, Wörter richtig zu schreiben.
   (Übrigens kannst du auch viel besser rechnen,

wenn du dir die Zahlen dabei vorstellst. Probier es einmal aus, du wirst dich bestimmt wundern!)

4. Diesmal mußt du den Weg durch einen runden Irrgarten suchen und gerade und ungerade Zahlen sortieren. Wenn du solche Übungen öfter machst, dann machst du zum Beispiel beim Rechnen nicht mehr so viele Flüchtigkeitsfehler.
5. Das geht genauso wie bei den Diktatwörtern. Das Wort *kitchen* beispielsweise wird mit *t* geschrieben. Wenn du dir das nicht merken kannst, dann stellst du dir vor, wie in einer *englischen Küche* (vielleicht in einem Bild aus deinem Englischbuch) ein großes *Kreuz* hängt.
   Um dir zu merken, daß *car* mit *c* geschrieben wird, stellst du dir vor, wie auf einem Wagen in England ein großer *Bumerang* auf dem Dach befestigt ist. Das sieht sicher sehr lustig aus. So kannst du dir für jedes englische Wort ein schönes Bild ausdenken, wenn du dir einen Buchstaben nicht merken kannst.

Und da wir nun diese Kapitel mit Englisch aufgehört haben, werden wir im nächsten mit fremden Wörtern beginnen, um noch etwas später die Tricks für englische Vokabeln zu üben.
Viel Spaß im nächsten Kapitel.

6. Kapitel
Einfache und schwierige fremde Wörter

Fremdwörter kann man sich vorstellen: In diesem Kapitel geht es erst richtig los, jetzt kannst du mal zeigen, was du schon alles in diesem Buch gelernt hast. Dabei mußt du viele gute Ideen haben und dir alles genau vorstellen und ausmalen. Wenn *ich* so etwas wie in diesem Kapitel mache, dann ist in meinem Kopf immer schwer was los.

Man kann dann förmlich sehen, wie mein Kopf raucht. Aber das macht mir immer großen Spaß, wenn ich hinterher sehe, was ich alles behalten kann, auch wenn es am Anfang etwas schwierig war.

Ruhst du dich eigentlich auch mal ab und zu aus, wenn du müde wirst bei den Hausaufgaben und dich nicht mehr konzentrieren kannst? Das ist sehr wichtig, denn einfach weiterschreiben und viele Fehler machen, ärgert nicht nur den Lehrer, sondern dich selbst ganz bestimmt auch. Wenn du aber *immer* sehr schnell müde wirst bei den Hausaufgaben, dann stimmt irgend etwas nicht. Vielleicht hast du nicht genügend Licht beim Schreiben oder du sitzt ganz falsch, so daß es sehr anstrengend für dich ist, deine Hausaufgaben zu machen. Dagegen solltest du dann ganz schnell etwas unternehmen. Vielleicht überlegst du einmal zusammen mit deinen Eltern, ob du auch wirklich genügend Licht beim Schreiben hast. Vielleicht stellt ihr gemeinsam fest, daß dein Tisch viel zu hoch ist oder daß dein Stuhl viel zu hart ist. Wenn ihr das zusammen ändern könnt, dann ändert es ganz schnell, denn wichtig ist, daß dir das Lernen so leicht wie möglich gemacht wird. Schließlich sitzt du ja jeden Tag ein bis zwei Stunden in deinem Zimmer, und du bist dein eigener Herr dort, und der eigene Herr macht es sich doch immer bequem, findest du nicht?
Wenn wir uns jetzt fremde Wörter merken, dann kann es sein, daß es dir nicht immer so leicht fällt wie das Merken von Wörtern oder Sätzen. Das ist nicht so schlimm, denn fremde Wörter sind *viel schwieriger* als andere Sachen, die du im Kopf hast. Wenn also etwas nicht klappt, dann versuchst du es einfach immer wieder, so lange, bis es dir dann doch gut gelingt.
Wie du weißt, mußt du dir auch unter fremden Wörtern etwas vorstellen, wenn du sie behalten willst. Aber das scheint zuerst gar nicht zu gehen, denn was soll man sich zum Beispiel unter dem Wort *Skelett* (Knochengerüst) vorstellen? Du kannst dir

zwar ein *Knochengerüst* vorstellen, aber damit hast du das Wort *Skelett* noch nicht im Kopf, und um dieses fremde Wort geht es dir. Deshalb müssen wir das Merken von Fremdwörtern ein bißchen anders anstellen.

Wir ändern Wörter ab: Stell dir einmal vor, in deine Klasse kommt ein Neuer. Als der Lehrer ihn nach seinem Namen fragt, sagt er: »Ich heiße *Hans Knodel.*« Sofort fangt ihr natürlich alle an zu lachen, denn bei dem Namen *Knodel* müßt ihr unwillkürlich an *Knödel* denken. Schon hat der Neue seinen Spitznamen und heißt ab heute »Knödelhans«. Ganz klar, daß ihr alle diesen Namen nicht mehr vergessen werdet, denn *Knödelhans* ist ein lustiger Spitzname. Wie kommt das? Ganz einfach, weil du seinen Namen Knodel *abgeändert* hast in das Wort Knödel und es für uns ganz komisch klingt, wenn jemand Knödel heißt.
Okay, jetzt wollen wir mal versuchen, unsere Assoziationen auf den Knödelhans anzuwenden. Bis jetzt *hörte* es sich nur lustig an, aber nun wird es auch lustig *aussehen* in unserer Fantasie: Hans Knodel balanciert einen dicken bayrischen Knödel auf seiner Nase.
Siehst du, jetzt kannst du dir den Knödelhans auch gut vorstellen.
Wenn das so einfach mit Namen geht, warum sollten wir das nicht auch mit irgendwelchen fremden Wörtern versuchen? Deshalb versuchen wir jetzt einmal, das Wort *Skelett* so zu verändern, daß wir uns etwas Lustiges darunter vorstellen können. Was klingt denn so ähnlich wie das Wort *Skelett*? Da gibt es sicher einige Wörter. Zum Beispiel *klettern*, die *Klette*, die *Kette* oder auch das englische Wort *letter*. Ich finde, am besten paßt das Wort *klettern*, weil es am ein-

fachsten ist. Deshalb stellen wir uns jetzt einmal mit geschlossenen Augen vor, wie ein *Knochengerüst* aus seinem Grab *klettert*, um spazierenzugehen, weil es im Grab zu langweilig ist. Sehr gruselig, nicht wahr? Aber das hilft uns, das Wort *Skelett* leichter zu behalten.
Wer natürlich das Bild noch etwas verbessern will, ändert das Wort Skelett in *Ssssss*! und *klettern* ab, also, das *Skelett* hält den knochigen Finger vor den Mund, macht leise *Ssssss*!, weil es die anderen nicht stören will, und *klettert* aus dem Grab.
Du siehst, es gibt verschiedene Möglichkeiten, ein Fremdwort abzuändern.

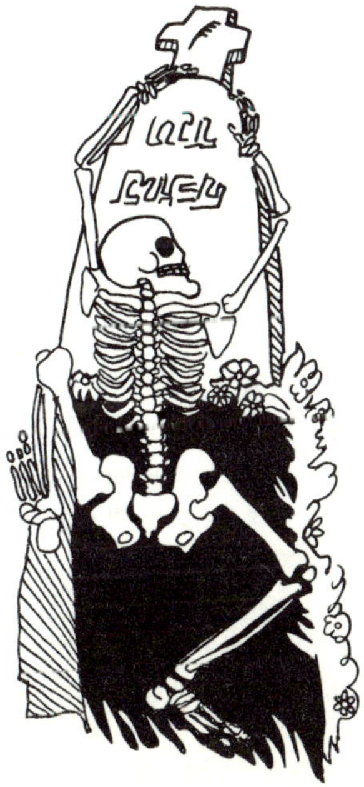

Skelett

Stell dir nun wieder das Bild vor, wo das *Knochengerüst* aus dem Grab *klettert*, das Wort *klettern* erinnert dich an das ähnliche Wort *Skelett*. Genauso hat dich das bekannte Wort Knödel an den fremden Namen *Knodel* erinnert. Schau dir einmal das Bild mit unserem Skelett an, und wenn du es dir dann vorstellst, dann laß es einmal ganz aus dem Grab herausklettern.

Wir werden jetzt gemeinsam die Übung 29 besprechen, die du dir einprägen sollst.

Übung 29:
Fünf Fremdwörter aus Biologie und Erdkunde
Schwierigkeitsgrad 2.–4. Klasse

Skelett	– Knochengerüst	*klettern*
Taiga	– riesige Nadelwälder	*Teig*
Arterien	– Adern	*Ferien*
Venen	– Adern	*Sehnen*
Kohlenhydrate	– Bestandteile im Essen	*Kohlen + Draht*

Das Wort *Skelett* haben wir ja schon besprochen. Das zweite Wort ist das Wort *Taiga*. Taiga erinnert mich immer sofort an das Wort *Teig*. Dieses Ersatzwort und noch andere habe ich deshalb schon hinter die Übung 29 geschrieben. Ich stelle mir also vor, wie ich *Teig* auf diese riesigen *Nadelwälder* gieße. Wenn ich jetzt gefragt würde, was *Taiga* heißt, dann würde ich sagen: *Taiga* heißt *riesige Nadelwälder*, weil ich sehe, wie ich *Teig* darauf gieße. Bei dem Wort *Arterien* stelle ich mir viele Leute in den *Ferien* vor, die aus den *Adern* bluten. Denke ich an *Adern*, dann sehe ich

das Bild mit den Menschen in ihren *Ferien* und erinnere mich an *Arterien*.
Wenn du dir das Wort *Venen* merken willst, dann könntest du dir vorstellen, wie einige *Adern* wie *Sehnen* auf dem Arm entlanglaufen. Das schwierige Wort *Kohlenhydrate* verwandelst du am besten in die beiden Wörter *Kohlen* und *Draht*. Dabei stelle ich mir immer vor, wie ich in meinem Essen plötzlich *Kohlen* und *Draht* finde. Das erinnert mich dann an Kohlenhydrat. Wenn du dir das nicht vorstellen kannst, habe ich noch ein anderes Bild, nämlich Kohlen, Hüh und Draht.
Ein Kutscher fährt auf seinem Wagen *Kohlen* durch die Stadt. Dabei ißt er ein dickes Butterbrot, damit du die Bestandteile des Essens hiermit in Verbindung bringst. Plötzlich schreit er ganz laut *Hüüh*!, das Pferd stoppt, weil eine Menge *Draht* auf der Straße liegt und den Weg versperrt.
Versuche jetzt bitte, dir die Übung 29 vorzustellen und einzuprägen. Die *Ersatzwörter*, die wir uns dazu ausgedacht haben, stehen alle vollständig in der Übung 29 als Hilfe noch einmal hinter den Fremdwörtern.
Na? Schwer war das sicher nicht, denn du bist inzwischen sehr geübt, wenn du dir etwas vorstellen willst Naturlich gibt es auch noch schwierigere Fremdwörter als diese fünf. Ich habe dir deshalb aus einem Biologiebuch der 6. Klasse solche Wörter herausgeschrieben, die du dir vorstellen sollst. Auch wenn dir manches Wort vielleicht schwerfällt, versuchst du auf jeden Fall, dir die Übung 30 zu merken. Die Ersatzwörter, die man sich dazu ausdenken könnte, stehen wieder rechts daneben. Zuerst versuchst du, diese Übung ganz alleine zu behalten, und nur, wenn du fertig bist oder wenn es dir nicht gelingt, schaust du darunter nach, was *ich mir* vorgestellt habe.

Übung 30:
Fünf Fremdwörter aus der Biologie
Schwierigkeitsgrad 5.–7. Klasse

Mitose	–	Zellteilung	*mit Soße*
Spatha	–	Blütenscheide	*Spaten*
Chlorophyll	–	Blattgrün	*Klo + füllen*
Mandrill	–	Affe	*Mann + Drill*
Gavial	–	Schnabelkrokodil	*Kaviar*

Was ich mir vorstelle: Bei dem Wort *Mitose* stelle ich mir einen Teller *mit Soße* vor, in dem viele Zellen schwimmen, und diese *Zellen teilen* sich ständig. So erinnert mich *Zellteilung* an *mit Soße* und das wieder an *Mitose*. Bei *Spatha* stelle ich mir vor, wie ein kleiner *Spaten* in einer *Blütenscheide* steckt (die Blütenscheide ist eine Art Spalt in der Blüte einer Blume).
Wenn ich das Wort *Chlorophyll* höre, sehe ich ein *»Klo«*, das ich *mit Blattgrün fülle*. Der *Mandrill* ist ein

Mandrill

Affe, der von einem *Mann* für die Weltraumfahrt *gedrillt* wird. Wie lustig das aussieht, kannst du auf dem Bild sehen, das ich dafür gemalt habe. Ein *Gavial* schließlich ist ein *Schnabelkrokodil*, das nur immer *Kaviar* frißt. Das Wort Kaviar soll dich wieder an das Wort Gavial erinnern.

Übung 31:

Wir machen wieder Spiele: Damit du nicht sagst: »Das Fremdwörterbehalten ist mir viel zu schwer!« und das Buch in die Ecke legst, zeige ich dir wider ein neues Spiel, wie man die Konzentration verbessern kann. In der Übung 31 siehst du einen großen Kasten mit allen Buchstaben von A bis Z. Diesmal sollst du *die Buchstaben* in der richtigen Reihenfolge finden, also in der Reihenfolge A, B, C und so fort. Wenn du Lust hast, dann kannst du jedesmal mit dem Finger auf den Buchstaben tippen, den du gerade gefunden hast. Wenn du auch so schnell werden willst wie ich, dann machst du diese Übung am besten alle zwei Tage einmal und versuchst dabei, immer schneller zu werden. Wenn du sehr gut übst, dann schaffst du diese Übung bald in *einer einzigen Minute*.

Wir behalten verschiedene leichte Wörter: Die Wörter, die wir jetzt behalten, stammen alle aus einem Sachbuch. Aber leicht mache ich es dir trotzdem nicht, sonst sagst du nachher bloß: »Das ist ja was für kleine Kinder, das ganze Buch war viel zu leicht, das habe ich alles schon vorher gewußt.« Ich werde dir nur bei vier Wörtern verraten, wie ich sie mir vorstelle, und den Rest mußt du dir dann ganz alleine ausdenken.

Schau dir einmal die Übung 32 an, das erste Wort, das ich aufgeschrieben habe, ist das Wort *Mare*. Bei diesem Wort denke ich immer an *Haare* und sehe eine Frau, die ihr langes Haar in dem *Kratersee* wäscht. Dazu habe ich auch ein Bild gezeichnet.

Bei den *Loren* sehe ich die Schauspielerin Sophia Loren, die in dem Kippwagen spazierenfährt. Für das Wort *City* stelle ich mir einen Besuch in der City vor, bei dem ich vor Kälte anfange zu *zittern*.

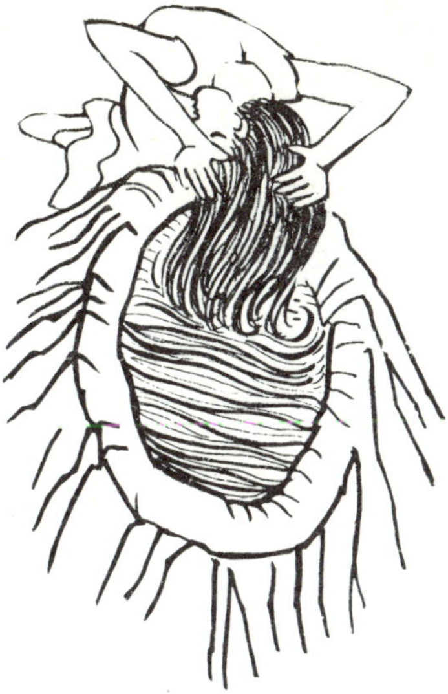

Mare

Als letztes Bild beschreibe ich dir noch das Wort *Sole*. Ich wate mit meiner neuen *Schuh-Sohle* durch *gelöstes Salz*, was den Schuhen natürlich gar nicht so gut bekommt.
So, und alles andere überlasse ich dir, denn ich bin wirklich gespannt, wie gut du dir inzwischen Bilder vorstellen kannst.

Übung 32:
Zehn Wörter aus der Sachkunde
Schwierigkeitsgrad 2.–4. Klasse

Mare	– Kratersee	*Haare*
Vulkan	– feuerspeiender Berg	*Wolle + Kahn*
Vitamine	– Aufbaustoffe des Körpers	*Winter + Mine*
Loren	– Kippwagen	*Loren* (Mädchenname)

City	– Innenstadt	*zittern*
Saline	– Fabrik für Salzgewinnung	*Saal + Mine*
Basalt	– Gestein	*Base + alt*
Asbest	– Feuerschutz	*Aas + Pest*
Atom	– kleinstes Teilchen	*Auto*
Sole	– gelöstes Salz	*Sohle*

Unsere Konzentration wird immer besser: Du kannst dich doch noch an das Spiel erinnern, wo du ein Wort und eine Zahl genannt bekommen hast. Du mußtest damals beispielsweise den dritten Buchstaben in diesem Wort finden und aufrufen. In dieser Übung bekommst du von mir auch solche Wörter und Zahlen, diesmal aber mußt du den gewünschten Buchstaben in dem genannten Wort von hinten zählen. Wenn ich dir das Wort Blatt nenne mit der Zahl 4, dann möchte ich den vierten Buchstaben von hinten haben, nämlich das l. Sage ich Füller und 2, dann mußt du das e finden und immer so fort.
Laß dir nun die folgenden 20 Wörter mit der jeweiligen Zahl vorlesen und rufe dazu den entsprechenden Buchstaben auf. Die Lösung steht immer dahinter, damit derjenige, der die Wörter vorliest, es etwas einfacher hat und nicht solange suchen muß.

Übung 33:
Zähle den gewünschten Buchstaben von hinten

raus	2	u	Methode	4	h
Verteilung	6	e	mit	2	i
zwischen	3	h	verschonen	3	n
zänkisch	5	k	erdreisten	6	e
Proportion	7	p	Sehne	3	h
Absatz	6	A	überhaupt	8	b
natürlich	2	c	Dummheit	4	h

für	3	f	Nutzung	5	t
fliegen	4	e	deutsch	3	s
hehlen	3	l	verurteilen	9	r

Wie man sich Länder und Kontinente merkt: Auf die-

sem Bild siehst du die Umrisse eines Landes, das du sicher sofort wiedererkennst. Na, was für ein Land ist das wohl? Natürlich, das ist *Italien*. Aber wie kommt das, daß du es sofort gewußt hast? Du hast dich bestimmt deshalb an Italien erinnert, weil du weißt, daß es die Form eines *Stiefels* hat. Stell dir vor, alle anderen Länder hätten auch eine so schöne Form, dann wäre es doch ganz einfach, diese Länder zu zeichnen und wiederzuerkennen.

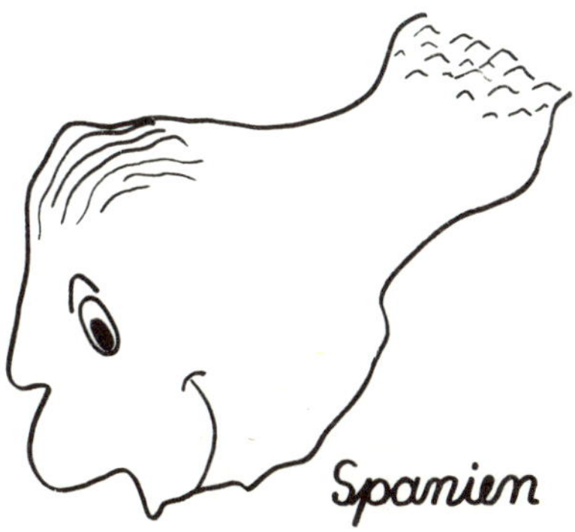

Übung 34:

Wenn du dir die meisten Länder anschaust, dann stellst du fest, daß sie mit etwas Fantasie auch eine Form haben, die lustig ist und die man sich gut vorstellen kann. Nehmen wir zum Beispiel *Spanien.*

Auf unserem Bild hat Spanien deutlich die Form eines Kopfes, weil ich noch ein Auge, den Mund und die Haare hineingemalt habe. Wenn du dir dieses Gesicht gut einprägst (was bestimmt sehr leicht ist, du brauchst es nur einmal in Gedanken nachzuzeichnen), dann vergißt du nie mehr die Form von *Spanien.* Übrigens, ich wollte dich an dieser Stelle noch etwas fragen: Weißt du eigentlich, wie man sich gut die Berge zwischen Spanien und Frankreich, die *Pyrenäen*, vorstellen kann? Ganz einfach, dort ist nämlich ein riesiger Berg *Püree*, auf dem eine Nähmaschine steht, und mit dieser Maschine willst du etwas *nähen.* Also: *Püree* und *nähen* erinnern dich an *Pyrenäen.* Ein toller Trick, nicht wahr?

England hat auch eine lustige Form. Sieht es nicht aus wie ein *schrulliges Kaninchen*, das gerade sitzt und einen alten Hut aufhat? Zur Verdeutlichung habe ich eine Hutfeder, die Augen und den Stummelschwanz dazugemalt.

Überleg dir einmal zu dem nächsten Bild von *Griechenland* und einem kleinen Stück *Türkei* eine lustige Figur. Für mich sieht das so aus, als wenn jemand beim *Laufen die Hosen verliert*. Du hast sicher in diesem Bild das gleiche erkannt, nicht wahr?

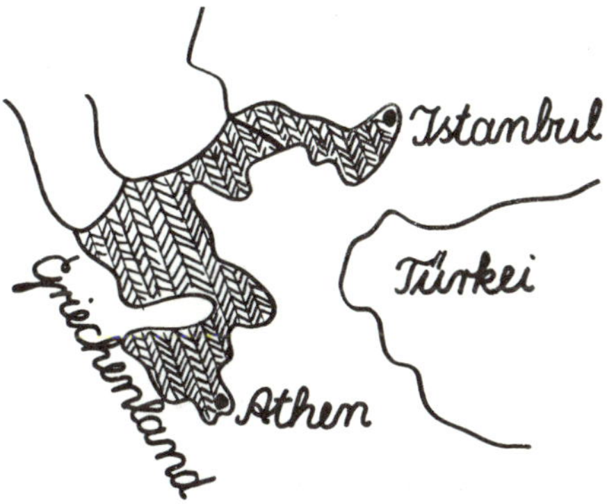

Wenn du ab heute versuchst, immer in den Ländern, die du lernen mußt, eine solche lustige Figur zu entdecken, dann fällt dir dieses Fach bestimmt leichter und macht auch mehr Spaß. Zeichne zum Schluß noch zwei Länder aus deinem Atlas ab und stelle dir dann lustige Bilder vor.

Und jetzt unsere Generalprobe: Die Übung 35 hat zwanzig Wörter mit dem Schwierigkeitsgrad *2.–7. Klasse*. Wenn ich dir drei Bilder erklärt habe, dann versuchst du wieder ganz alleine, dir alle Wörter vorzustellen und zu behalten. Du kannst dir dabei soviel Zeit nehmen, wie du nötig hast. Danach deckst du zuerst die rechte Seite zu und erinnerst dich an die

Übersetzung der Fremdwörter, und dann deckst du die Fremdwörter selbst zu und erinnerst dich an sie. Eine Seite bleibt also auf jeden Fall immer aufgedeckt. Aber zuerst noch die drei Bilder.

Bei *Sesterzen* stelle ich mir vor, wie ich mit *römischem Geld sechs Kerzen* kaufe. Das Ersatzwort für Sesterzen ist also sechs Kerzen. Für das Wort *Geysir* sehe ich immer einen *Kaiser*, der mitten in einer *warmen Quelle* sitzt und voller Genuß badet. Um mir *Fehde* zu merken, sehe ich zwei Leute, die einen *Rechtsstreit* wegen einer alten dummen *Feder* haben und sich fürchterlich dabei aufregen. Im Hintergrund sitzt der Richter und schaut dabei böse drein. Weil ich mir dieses Bild ganz besonders gut vorstellen kann, habe ich es gleich für dich gezeichnet.

Fehde

Aber jetzt ist es Zeit für unsere Übung. Du schaffst sie bestimmt besser als ich damals, ich habe nämlich nur zwölf Wörter gewußt.

Übung 35:
20 Wörter aus allen Bereichen
Schwierigkeitsgrad 2.–7. Klasse, diesmal ohne Ersatzwörter

Konsument	–	Verbraucher
Chromosom	–	Sitz der Erbanlagen
Lipizzaner	–	Pferderasse
Pipeline	–	Ölleitung
Sesterzen	–	römisches Geld
Zitadelle	–	Festungswerk
Paramo	–	Strauchsteppe
Fehde	–	Rechtsstreit
Fossilien	–	Versteinerungen von Pflanzen und Tieren
Magma	–	flüssiges Gestein
Flöz	–	Erdschicht
Geysir	–	warme Quellen
Uterus	–	Gebärmutter
Aristokraten	–	Adlige
Latifundien	–	Großgrundbesitz
Konvent	–	Mönchsgemeinschaft
Liga	–	Bündnis
Ichthyosaurus	–	Fischechse
Sakije	–	Drehbrunnen
Pulk	–	Schlitten

Übersicht

Na, diesmal war es aber nicht so leicht, das Ende dieses Kapitels zu erreichen. Aber du hast es schließlich doch geschafft, und nun kann ich dir wieder meine fünf Fragen stellen. Immer, wenn du diese Fragen richtig beantwortet hast, oder wenn du mit deiner Antwort das Richtige gemeint hast, kannst du sicher sein, daß du das ganze Kapitel gut verstanden hast.

Fünf Fragen:

1. Was machen wir mit den Fremdwörtern, damit wir sie uns vorstellen können?
2. Was stellen wir uns in einem Bild zusammen mit dem Ersatzwort vor?
3. Welche Übungen haben wir diesmal für die Konzentration gemacht?
4. Wie merkt man sich die Form von Ländern?
5. Wie würdest du dir Namen in der Geographie wie Seen, Städte, Flüsse und Berge merken?

Hier die fünf Antworten:

1. Ich stelle mir bekannte Ersatzwörter vor, die aber so ähnlich sind wie das Fremdwort selbst.
2. Ich stelle mir das Ersatzwort zusammen mit der Bedeutung des fremden Wortes vor und habe so auch das Fremdwort im Gedächtnis.
3. Ich habe Buchstaben in der Reihenfolge von A bis Z gesucht und verlangte Buchstaben eines Wortes aufgerufen.
4. Unter der Form von Ländern stelle ich mir eine lustige ähnliche Figur vor.
5. Die Namen von Städten, Flüssen, Ländern und Bergen sind auch Fremdwörter. Beispielsweise kann ich mir unter der Hauptstadt *Madrid (Spanien)* eine Made vorstellen, die jeden Einwohner dieser Hauptstadt *tritt*. (Versuch es einmal mit einigen Namen, es geht sehr leicht.)

Gott sei Dank, dieses Kapitel ist endlich vorbei. In dem nächsten bringe ich dir bei, wie du ganz einfach Vokabeln behalten kannst. Bis dann!

7. Kapitel
Wir stellen uns lateinische und englische Vokabeln vor

Die anderen werden staunen: Hast du eigentlich schon einmal deinen Freunden gezeigt, wieviel du behalten kannst? Wenn du das tust, dann werden sie sicher staunen und mit offenem Mund dastehen. Sicher wollen sie dann wissen, wieso du das kannst und wie das geht. Und wenn du dann ganz großzügig bist, dann kannst du ihnen ja einige Tricks verraten. Oder du zeigst ihnen gleich dieses Buch und läßt sie darin ein paar Übungen machen. Ihnen macht das bestimmt genausoviel Spaß wie dir.
Sicher hast du auch schon gemerkt, daß die letzten beiden Kapitel sehr lang und auch etwas mühsam waren. Aber das kommt daher, weil ich soviel erklärt habe, damit du auch alles richtig verstehst, was ich dir beibringen will. Deshalb brauche ich in diesem Kapitel nun auch nicht mehr soviel zu erklären, denn das meiste weißt du schon längst.

Lateinische Vokabeln: »Na hör mal«, wirst du vielleicht sagen, »ich bin froh, wenn ich von Latein nichts höre und sehe. Und jetzt kommst du auch noch damit an!«
Ich kann schon verstehen, warum du das sagst, aber so ganz im Recht bist du eigentlich nicht. Denn ich will dir ja gerade zeigen, wie man die Vokabeln schneller und leichter behält, damit du von Latein nicht mehr so geplagt wirst.
Schau dir mal die Übung 36 an. Da sollst du dir die fünf Vokabeln möglichst schnell und einfach einprä-

gen. Was meinst du wohl, wie du das am besten anstellst? Vielleicht sagst du: »Am besten überhaupt nicht, dann muß ich mich auch nicht mehr herumärgern.« Aber das nützt uns nichts. Deshalb überlegen wir jetzt gemeinsam, wie man sich lateinische Wörter merkt.

Warum sollen wir das nicht so versuchen, wie wir das auch schon mit fremden Wörtern gemacht haben, bei denen konnte man sich doch leicht etwas vorstellen. Also versuchen wir, das Wort *cubare* in der Übung 36 abzuändern. Aus *cubare* werden die zwei Wörter *Kuh* und *Bahre*.

Und weil cubare übersetzt *liegen* bedeutet, brauchen wir uns nur vorzustellen, wie eine *Kuh* auf einer *Bahre liegt*. Wenn ich dich dann frage, was heißt *cubare*, dann siehst du die *Kuh* auf der *Bahre liegen*, und schon hast du die Vokabel im Gedächtnis. Mal dir dieses Bild einmal mit geschlossenen Augen aus, nachdem du dir meine Zeichnung dazu angeschaut hast.

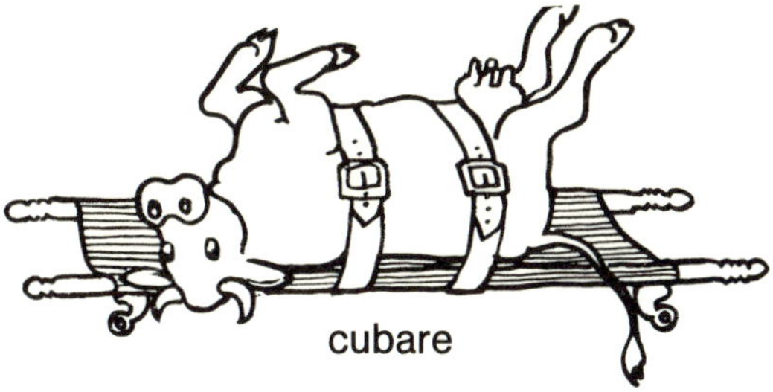

cubare

Bei den anderen Wörtern geht das genausoleicht. Bei *pendere hängt* ein Pendel an der Wand, bei *parum* trinke ich ein *paar* Flaschen *Rum* und schimpfe, weil das für mich *zu wenig* ist. Für *putare* stelle ich mir einen *Puter* vor, der noch immer *glaubt*, daß er Weihnachten am Leben bleibt. Und was man sich schließlich bei *opera* vorstellen könnte, das weißt du sicher allein. Aber auch wenn du schon gut verstanden hast, wie es geht, erkläre ich es dir sicherheitshalber doch noch mal.

Regel:

Die Wörter, die du dir merken willst, wandelst du einfach ab, damit sie zu einem Ding werden, was du dir vorstellen kannst. Dann stellst du dir die *Abwandlung zusammen* mit der *tatsächlichen Bedeutung* in einem Bild vor, und schon klappt es.

Darum versuchst du jetzt mal, die Übung 36 zu behalten.

Übung 36:

Fünf lateinische Wörter

cubare	–	liegen	*Kuh + Bahre*
pendere	–	hängen	*Pendel*
parum	–	zu wenig	*paar + Rum*
putare	–	glauben	*Puter*
opera	–	Tätigkeit	*Oper*

Weil das so gut geklappt hat, machen wir noch eine letzte Übung mit lateinischen Wörtern. Diesmal werde ich dir erst nach der Übung erklären, was ich mir vorgestellt habe, denn du sollst versuchen, diese Übung ohne Hilfe zu schaffen.
Allerdings habe ich dir trotzdem zur Hilfe wieder *Ersatzwörter* hinter die Vokabeln geschrieben, mit denen du dir deine Bilder ausdenken kannst, wenn du willst. Wenn du aber selbst bessere Ersatzwörter findest, dann nimmst du deine eigenen, denn das ist ja gerade das, was du üben sollst.

Übung 37:
Zehn lateinische Wörter

potestas	–	Macht	*Podest*
carmen	–	Gedicht	*Carmen* (Mädchenname)
saxum	–	Fels	*Sachse + um*
splendere	–	glänzen	*blenden*
premere	–	drücken	*Premiere*
donare	–	schenken	*donnern*
filia	–	Tochter	*fiel + IA*
pratum	–	Wiese	*Braten*
rivus	–	Bach	*Riese + Fuß*
herba	–	Gras	*herb*

Meine Bilder der Übung 37: Du bist sicher schon gespannt, was ich mir bei den zehn lateinischen Wörtern vorgestellt habe. Vielleicht stimmt ein Teil meiner Bilder mit deinen überein. Aber selbst wenn kein einziges Bild mit dir übereinstimmt, dann sind deine Bilder natürlich genausogut, denn du sollst dir immer das vorstellen, was du dir am besten ausmalen kannst.
Bei *potestas* habe ich mir einen König vorgestellt, der auf einem riesigen *Podest* sitzt und dort seine

Macht ausübt. Wenn ich das Wort *carmen* höre, dann stelle ich mir vor, wie ich einem Mädchen mit dem Namen *Carmen* ein *Gedicht* vorlese. Was ich mir bei *saxum* vorstelle, kannst du auf meinem Bild sehen. Ein dicker *Sachse* fällt auf einem *Felsen um*.

saxum

Bei *splendere* sehe ich einen Gegenstand, der so sehr *glänzt*, daß ich davon *geblendet* werde. Das Wort *premere* erinnert mich immer an eine *Premiere*, wo einen Schauspieler ganz fürchterlich der Schuh *drückt*.
Während ich jemandem etwas *schenke (donare), donnert* es laut vom Himmel. *Filia* kann man sich ganz einfach merken: Die *Tochter* des Bauern *fiel* vom Esel, und der schrie dazu *»IA«!*
Für mich ist es auch sehr leicht, *pratum* zu behalten, denn ich stelle mir vor, wie auf einer *Wiese* ein fetter *Braten* schmort. Wenn du bei *rivus* einfach an einen *Riesen* denkst, der seinen *Fuß* in einen *Bach* steckt,

dann fällt dir *Bach* genausoleicht ein. Das letzte Wort *herba* ist einfach viel Gras, das ganz *herb* schmeckt, wenn du es probierst.
Du mußt zugeben, daß es nicht schwer war, sich lustige Bilder auszudenken, mit denen man diese Vokabeln behalten kann. Aber jetzt ist Schluß mit lateinischen Vokabeln, etwas später werden wir englische Wörter üben.

Wir machen wieder Spiele: Diesmal habe ich mir eine Konzentrationsübung ausgedacht, bei der du so schnell wie möglich *Zick-zack-Linien* verfolgen mußt. Schau dir einmal die Übung 38 an. Diese Übung hat, wie du schnell feststellen wirst, zwei Enden. Eines dieser beiden Enden wählst du nun als Start aus und versuchst, *nur mit den Augen* die Zickzack-Linien bis zum anderen Ende zu verfolgen. Wenn du dort angekommen bist, dann verfolgst du die Linien den gleichen Weg wieder zurück, von dort dann wieder bis zum Ende und immer so weiter. Wie oft du die

Übung 38:

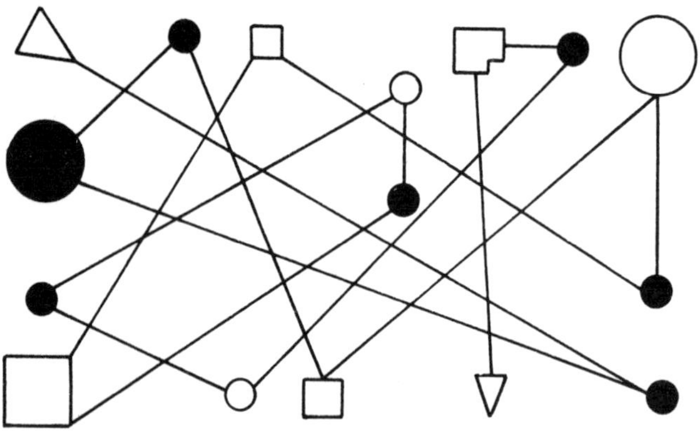

gesamte Übung hin- und zurückverfolgen mußt, hängt davon ab, wie schnell du müde wirst. Erst dann hörst du mit dieser Übung auf und machst sie später noch einmal. Mit der Zeit wirst du immer schneller werden, und deine Augen werden dadurch beim Lesen von Büchern nicht mehr so angestrengt.

Die ersten englischen Wörter: Hier sind jetzt die versprochenen englischen Vokabeln. Ich brauche dich sicher nicht mehr zu fragen, wie wir diese Vokabeln behalten müssen, ist doch klar, daß wir sie uns genauso vorstellen wie die lateinischen. Also, dann wollen wir beginnen. Während du dir die Übung 39 anschaust, werde ich dir erklären, was ich mir vorgestellt habe.

Übung 39:
Fünf englische Vokabeln

door	–	Tür	*Dor*
roof	–	Dach	*Ruf*
wall	–	Wand	*Wal*
kitchen	–	Küche	*Kittchen*
stove	–	Ofen	*Stoff*

Kennst du das Reinigungsmittel *Dor*? Das ist nämlich mein Ersatzwort für *door*. Ich stelle mir immer vor, wie ich eine *Tür* mit *Dor* abwasche. Bei *roof* denke ich an einen Schornsteinfeger, der mich mit einem *Ruf* vom *Dach* herab begrüßt. Für *wall* stelle ich mir einen *Wal* vor und male ihn auf eine *Wand*. Was ich mir bei *kitchen* vorstelle, ist nicht sehr schwer. Wie du an meiner Zeichnung siehst, habe ich eine Frau mit ihrer *Küche* in das *Kittchen* (das ist das Gefängnis) eingesperrt.

kitchen

Bei dem letzten Wort *stove* sehe ich einen *Ofen,* in dem ich *Stoff* verbrenne.
Wenn du es noch nicht getan hast, dann stelle dir jetzt bitte alle Bilder vor und frage dich ab, ob du alle Vokabeln richtig behalten hast.

Übung 40:
Zähle bitte die Buchstaben u, i und t

Achtung! Wir zählen wieder Buchstaben: Diesmal ist es aber das letzte Mal, daß wir Buchstaben zählen, denn unser Buch ist schon fast zu Ende. Nur noch ein Kapitel, und dann muß ich mich von dir verabschieden. Vielleicht freust du dich, daß du dann nichts mehr tun mußt, aber es kann ja auch sein, daß du gerne noch mehr Tricks und Kniffe gelernt hättest.

Deshalb werde ich auch bald noch ein Buch schreiben, in dem ich dir noch viel mehr schlaue Sachen zeigen kann, und du wirst sehen, dieses Buch wird dann noch spannender werden. Übrigens kommt gleich wieder das Wort stop, dann hörst du wie immer auf zu zählen. *Stop*!

Wieviel u: ________
Wieviel i: ________
Wieviel t: ________

(Die Lösungen stehen diesmal am Ende des Kapitels bei der Übersicht.)

Die letzten englischen Wörter: Du hast sicher schon gemerkt, daß ich nicht mehr soviel erkläre wie am Anfang. Dadurch gewöhnst du dich daran, solche Übungen mehr alleine zu machen. Ohne daß ich etwas erkläre, versuchst du einmal, die folgende Übung zu behalten. Meine eigenen Bilder erzähle ich dir dann etwas später.

Übung 41:
Zehn englische Vokabeln

plane	–	Flugzeug	*Plane*
distaste	–	Widerwille	*Distel + tasten*
grave	–	Grab	*Graf*
to ret	–	rösten	*retten*
brick	–	Ziegel	*Brikett*
petrol	–	Benzin	*Petroleum*
mist	–	Nebel	*Mist*
waxing moon	–	zunehmender Mond	*wachsen*
gulf	–	Meerbusen	*Golf*
marsh	–	Sumpf	*Marsch*

Bei *plane* ist mir ein Bild eingefallen, das nicht ganz so lustig ist, aber du kannst es dir bestimmt gut vorstellen, und das ist wichtig, denn dann vergißt du es

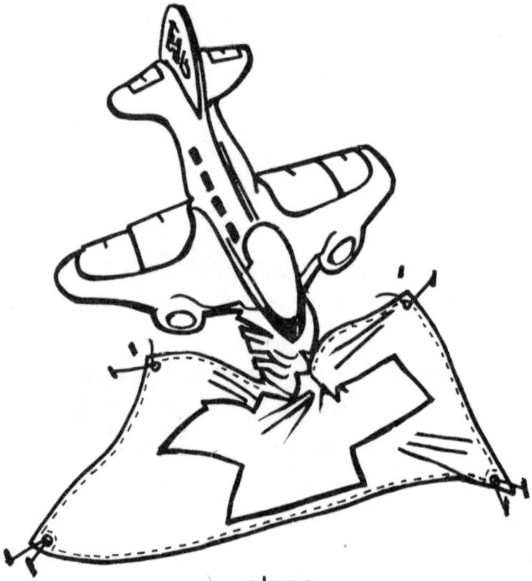

plane

nicht mehr so leicht. Ich sehe nämlich, wie ein *Flugzeug* auf eine *Plane* abstürzt. Weil mir dieses Bild gut gefällt, habe ich es gleich gezeichnet.
Bei *distaste* stelle ich mir vor, wie ich mich durch *Disteln tasten* muß. Klar, daß das einen großen *Widerwillen* in mir erzeugt. Kannst du dir einen *Graf* vorstellen, der in seinem *Grab* liegt? So einfach ist das Bild für *grave*. Für die Vokabel *to ret* stelle ich mir vor, wie ich ein Toastbrot *rette*, damit es nicht im Toaster schwarz *röstet*. Um mir *brick* zu merken, zerschlage ich mit einem *Brikett* mehrere *Ziegel*. *Petrol* und *Benzin* ist natürlich sehr leicht, du brauchst nur an *Petroleum* zu denken. Bei *mist* stelle ich mir vor, wie ich im *Nebel* gegen einen riesigen stinkenden *Misthau-*

fen laufe. Zu allem Überfluß schimpfe ich dabei auch noch und rufe laut *»Mist!«*. Der *waxing moon* ist ganz einfach ein *Mond*, der *wachsen* will und immer größer wird. Und bei *gulf* spiele ich einfach *Golf* auf dem *Meeresbusen*. Zum Schluß mache ich dann noch einen langen *Marsch* durch den *Sumpf*, um mir *marsh* zu merken.
Das war doch einfach, nicht wahr? Du mußt nur noch mit deinen Vokabeln in der Schule ein bißchen üben, damit dir immer ein Bild dazu einfällt, und am besten übst du, indem du dir ab heute viele deiner Vokabeln als Bild vorstellst. Du wirst dich bald wundern, wie sehr das hilft. Du hast damit zwar noch nicht die Schreibweise und die Aussprache im Kopf, aber die mußtest du bislang ja auch immer auswendig lernen, also tust du es jetzt auch wieder.

Teil Deutschlands

Noch einmal Erdkunde: Vielleicht macht dir dieses Fach trotz allem noch ein bißchen Mühe. Deshalb habe ich mir noch etwas ausgedacht, damit du dir die *Lage von Städten, Flüssen, Seen und Bergen* besser einprägen kannst. Schau dir einmal meine Zeichnung von Deutschland an. Dort habe ich einen Teil Deutschlands gezeichnet mit einigen Flüssen und Städten. Damit du dir die Lage dieser Städte und Flüsse ganz einfach merken kannst, habe ich sie einfach mal mit Linien verbunden. Zufällig bilden dabei die Städte von *Osnabrück* bis *Kassel* die Form einer *Fliege,* wie du sie bestimmt schon mal bei Männern im schwarzen Anzug gesehen hast.

Damit du dir nun auch noch die Namen dieser fünf Städte merken kannst, wandelst du sie einfach ab und stellst sie dir in einer Bilderkette mit der Fliege vor. Das sieht dann so aus: Osnabrück ist Ochse und Brücke, Münster ist Münze, Paderborn ist Pater und bohren, Göttingen ist göttlich und Kassel ist einfach Kessel. Dadurch entsteht die Kette: Ochse – Brücke – Münze – Pater – bohren – göttlich – Kessel – Fliege.

Du stellst dir vor, ein *Ochse* steht auf der *Brücke* und wirft eine *Münze* hinunter. Der *Pater* fängt sie auf, um ein Loch hinein zu *bohren.* Als er fertig ist, findet er sein Werk *göttlich* und wirft alles in einen *Kessel.* Den Kessel deckt er mit einer riesigen *Fliege* zu, und damit hast du die fünf Städte assoziiert.

Die Städte *Dortmund* bis *Koblenz* dagegen bilden die Form einer umgekehrten 2. Dadurch kannst du dir auch hier die Lage der Städte schnell und einfach einprägen. Für die *Namen* mußt du dir dann wieder eine *Bilderkette* ausdenken.

Wenn du dir die Flüsse *Rhein* und *Main* anschaust, dann sehen sie aus, wie ein *Stuhl*, der schon so alt und klapprig ist, daß er im Rücken durch die *Mosel* gestützt werden muß.

Mach es einmal wie ich und stelle dir die drei Formen mit geschlossenen Augen vor. Dann versuchst du, die Lage der Städte und Flüsse aus dem Kopf zu zeichnen, nachdem du die Umrisse von Deutschland vorher noch einmal abgezeichnet hast. Überall, wo du auch die Namen der Städte und Flüsse assoziiert hast, schreibst du sie natürlich dazu.
Viel Spaß, und probier es auch mal mit einem anderen Land in deinem Atlas.

Nur für »Franzosen«: Die Übung 42 ist nur dann für dich gedacht, wenn du schon Französisch gehabt hast oder dich dafür interessierst. Genau wie bei den lateinischen oder englischen Vokabeln stellst du dir auch hier zu jeder Vokabel ein Bild vor. Anschließend versuchst du, dich an diese Wörter zu erinnern. Diesmal helfe ich dir überhaupt nicht, ich gebe dir auch *keine Ersatzwörter*.

Übung 42:
Fünf französische Vokabeln

le coeur	–	Herz
exercer	–	ausüben
mêler	–	mischen
le pot	–	Topf
tourner	–	drehen

Übersicht
Ich hoffe, die französischen Vokabeln waren nicht zu schwer gewesen und haben dir etwas Spaß gemacht. Damit das Kapitel sich wieder gut einprägt, stelle ich dir jetzt meine fünf Fragen.

5 Fragen:

1. Wie merkt man sich Vokabeln?
2. Hat man durch das Bild auch die Schreibweise im Kopf?
3. Welche Vokabeln sollst du dir vorstellen, alle oder nur einen Teil?
4. Wie merkst du dir die Lage von Städten, Flüssen und Seen?
5. Was haben wir in den heutigen Konzentrationsübungen gemacht?

Hier die fünf Antworten:

1. Genauso wie Fremdwörter: Ich stelle mir ein Bild mit dem Ersatzwort vor.
2. Nein, die muß ich mir durch normales Wiederholen einprägen, nachdem ich mir die Vokabel vorgestellt habe.
3. Ich stelle mir nur die Vokabeln vor, die ich nicht anders behalten kann. Es gibt nämlich viele Vokabeln, die prägen sich dadurch schon ein, daß ich sie nur ein- oder zweimal lese.
4. Ich überlege mir, was für eine lustige Form die Städte oder Flüsse bilden, und stelle sie mir vor.
5. Ich habe Zickzack-Linien mit den Augen verfolgt, damit die Augen beim Lesen nicht mehr so sehr angestrengt werden. Außerdem habe ich wieder Buchstaben gezählt, nämlich 25 u, 35 i und 23 t.

Bis später, im nächsten Kapitel sehen wir uns wieder.

8. Kapitel
Gedichte, Nacherzählungen und Sachtexte

Ein kleines Gedicht: Das Kapitel, das du jetzt liest, ist das letzte in diesem Buch. Diesmal befassen wir uns mit Gedichten und Texten aus der Biologie, Erdkunde und Geschichte. Und wie du Nacherzählungen im Unterricht besser behältst, das erkläre ich dir auch. Ich fühle mich übrigens heute so richtig in Form, so daß mir dieses Kapitel bestimmt ganz leichtfällt. Dir auch?

Mußt du für die Schule auch manchmal so viele Gedichte lernen? Ich fand das immer eine große Schufterei, zu der ich nie viel Lust hatte. Aber dann habe ich

einen Kniff gelernt, wie man sich Gedichte sehr leicht einprägen kann. Und auf einmal machten mir die Gedichte mehr Spaß, vor allen Dingen ging es jetzt auch viel schneller.
Ich habe dir in der Übung 43 ein Gedicht von einem Käfer mitgebracht. An diesem Gedicht kann ich dir am besten erklären, wie du dir so etwas merkst.

Übung 43:
Ein Gedicht

Ein Käfer kam im Mai daher

Ein Käfer kam im Mai daher,
da war der Rasen weiß.
Da sprach der Käfer: »Bitte sehr,
ich wußte ja, das Jahr wird schwer.
Der Mai bringt Schnee und Eis.«

Da kam ein gelber Falter an
und lachte vor sich hin
und sagte: »Lieber Käfermann,
tritt näher an das Weiß heran,
doch schau auch gründlich hin!«

Der kleine Käfer rief: »O je,
nun seh' ich's dort und hier:
Die weißen Flocken in der Näh'
sind reiner, feiner Blütenschnee
vom Birnbaum über mir.«

Normalerweise wiederholt man so ein Gedicht so lange, bis man es schließlich im Kopf hat. Wir machen das natürlich wieder viel raffinierter und stellen uns alles vor.

Wenn du dir einmal überlegst, was eigentlich in einem Gedicht wichtig ist, dann wirst du bestimmt sagen: »Na ja, wichtig ist der Inhalt, dann muß sich das Gedicht natürlich reimen, und das Versmaß muß auch stimmen.« (Wenn du nicht weißt, was ein Versmaß ist, dann erkläre ich es dir. Das ist das Auf und Ab, wenn du das Gedicht aufsagst. Das ist auch die Länge der Zeilen. Man könnte auch sagen: Das Versmaß ist der *Rhythmus*, die *Musik* im Gedicht.)
Das ist genau richtig, und ich schreibe dir diese drei Punkte noch einmal hin.
Wichtig für ein Gedicht sind:
1. der Inhalt,
2. die Endreime,
3. das Versmaß.

Und mehr brauchst du auch gar nicht, wenn du dir ein Gedicht einprägst. Denn zuerst liest du es dir ganz langsam durch und stellst dir den Inhalt einer jeden Zeile mit geschlossenen Augen vor.
In unserem Gedicht mußt du dir vorstellen, *wie ein Käfer im Mai daherkommt,* dann stellst du dir vor, *wie der ganze Rasen weiß war*, als nächstes, *wie der Käfer bitte sehr spricht*, und immer so weiter, bis unser Gedicht zu Ende ist.
Jetzt bist du schon mit Leichtigkeit in der Lage, den Inhalt dieses Gedichtes aufzusagen. Versuch es einmal und erzähle laut das nach, was in dem Gedicht passiert. Wenn du damit fertig bist, kommt der nächste Schritt, denn noch fehlen dir die Endreime. Deshalb schreibst du bitte einmal diese Endreime heraus, natürlich in der Reihenfolge des Gedichtes.
Das sieht für die ersten zwei Strophen so aus: daher – weiß – bitte sehr – schwer – Eis – an – hin – Käfermann – heran – hin.

Wenn du die Endreime so hintereinandergeschrieben siehst, dann erinnern sie dich bestimmt an unsere *Wortketten* im dritten Kapitel. Kein Wunder, denn diese Endreime bilden ja tatsächlich eine Wortkette, die wir uns nur vorzustellen brauchen, damit man sie gut behält.
Du stellst dir also vor: Es kommt ein Käfer *daher* und sieht einen *weißen* Rasen. Er sagt *bitte sehr*, und denkt daran, wie *schwer* das Jahr wird, und so weiter. Genauso stellst du dir die Kette bis zum Ende vor, und dann versuchst du einmal, alle Wörter wieder in der richtigen Reihenfolge zu nennen, ohne ins Buch zu schauen.
Bei meinen Bildern ist dir sicher schon aufgefallen, daß es fast die gleichen sind, wie ich sie dir geschildert habe, als ich mir den Inhalt des Gedichts vorgestellt habe. Das habe ich absichtlich so gemacht, denn wenn du dir bei dem Inhalt etwas ganz anderes vorstellst als bei den Endreimen, dann vergißt du nachher das richtige Gedicht, und gerade das darf uns ja nicht passieren.

Du machst nur kleine Fehler: Wir haben uns also jetzt schon den *Inhalt* und die *Endreime* vorgestellt. Mehr brauchen wir auch nicht, denn damit hast du das Gedicht schon vollständig im Gedächtnis, denn du besitzt ja auch noch ein Gefühl dafür, was für einen Takt oder Rhythmus jede Zeile besitzt. Wenn du jetzt das Gedicht wieder aufsagst, dann gelingt es dir fast ohne Fehler, denn wenn du das Gedicht mit dem richtigen Inhalt, den richtigen Endreimen und mit dem richtigen Takt aufsagst, dann gibt es *kaum noch eine Möglichkeit*, das Gedicht falsch herzusagen. Vielleicht passiert es dir, daß du sagst: *Ein Käfer rannte im Mai daher*, oder *da rief der Käfer bitte sehr*, aber

das ist dann nicht mehr so schlimm. Das läßt sich leicht ändern, wenn du dir die wenigen falschen Wörter noch einmal richtig anschaust.
Bitte stell dir jetzt unser Gedicht so vor, wie ich es dir erklärt habe, und sag es dann richtig auf. Am besten stellst du dich dabei mitten ins Zimmer und tust so, als ob du es vor deiner Klasse aufsagen müßtest. Du wirst dich wundern, wie einfach das jetzt geht.

Ein Biologietext: Was du bestimmt genau wie ich oft in der Schule lernen mußt, das sind Texte aus der Biologie, Erdkunde und Geschichte. Oder du mußt in deinem Sachkundebuch immer Stücke lernen, die der Lehrer dann am nächsten Morgen abfragt. Vor so etwas habe ich schon lange keinen Bammel mehr, denn ich weiß ja inzwischen, wie man das am leichtesten schafft.
In der Übung 44 steht ein kleiner Text über den *Braunbären.* Diesen Text habe ich in deinem Biologiebuch entdeckt, und ich möchte nun, daß du ihn dir einprägst und wieder vorstellst.
Dafür gibt es zwei verschiedene Tricks, und je nach dem, was für einen Text du behalten mußt, benutzt du mal den einen und mal den anderen.

Der eine Trick geht so: Wenn du meinst, daß der Text leicht ist, dann liest du ihn einfach durch und stellst dir alles vor, was über den *Braunbären* geschrieben steht. Das genügt schon, damit du den Text im Kopf hast. Voraussetzung ist natürlich, daß dir alle genannten Begriffe klar sind.

Der zweite Trick geht so: Wenn der Text nicht ganz so leicht für dich ist, dann liest du ihn dir ebenfalls

einmal durch und stellst dir den Inhalt vor. Danach mußt du aber Stichwörter aus dem Text herausschreiben! Was das ist, weißt du ja, das sind solche Wörter, die in dem Text wichtig sind und dich wieder daran erinnern. Versuche aber bitte, in die Wortkette keine ganzen oder halben Sätze zu übernehmen, denn dann wird es nur unnötig schwer für dich. Wenn du beispielsweise 20 Stichwörter herausgeschrieben hast, dann hast du eine Wortkette gebildet, die du dir einprägen mußt. Wie das geht, weißt du ja selbst am besten. Du stellst dir diese Wörter der Reihe nach vor und die Bilder, die du dir dabei ausdenkst, sind die Bilder aus dem Text, denn von daher stammen ja auch die Stichwörter.
Wenn du damit fertig bist, dann hast du den ganzen Text gut im Gedächtnis und kannst alle die Fragen beantworten, die ich dir stelle. Und weil die Regeln für das Behalten von Texten so wichtig sind, schreibe ich sie dir hier noch einmal auf:

1. Leichte Texte: Einmal Vorstellen beim Durchlesen genügt!
2. Schwere Texte: Beim ersten Lesen vorstellen. Beim zweiten Lesen Stichwörter herausschreiben und als verbundene Kette vorstellen. *Die Bilder dafür müssen aber aus dem Text stammen!*

Du machst jetzt bitte die Übung 44 und prägst sie dir ein. Aber vorher überlegst du dir, ob der Text für dich leicht oder schwierig ist, damit du weißt, ob du den ersten oder zweiten Trick anwenden willst. Wenn du dir den Text fertig vorgestellt hast, dann beantwortest du bitte meine fünf Textfragen. (Wenn

du den zweiten Trick anwenden möchtest, dann mußt du dir ja eine Stichwortkette herausschreiben. Ich habe den Text auch schon einmal behalten, und die Stichwörter, die ich dabei benutzt habe, stehen noch hier. Wenn du im Moment keine Lust hast, selbst eine Wortkette zu bilden, kannst du sie natürlich abschreiben. Besser ist es aber, wenn du dich dazu überreden kannst, sie selbst zu machen.)
Hier jetzt die Übung 44, die du mit dem ersten oder zweiten Trick behalten sollst.

Übung 44:

Der Braunbär
Die letzten deutschen Bären wurden schon vor weit über 100 Jahren in Bayern erlegt. Aber auch vorher waren Braunbären schon lange Zeit hindurch immer seltener geworden, weil der Mensch ein so großes Raubtier nicht in seinem Bereich dulden wollte. Deshalb gibt es ihn in Europa nur noch in den einsamen Gebirgswäldern Nord-, Ost- und Südeuropas sowie der Pyrenäen. Der Braunbär verschläft versteckt den größten Teil des Tages. Von der Dämmerung ab, oft auch noch bei Tageshelle, streift und klettert er in einem weiten Revier umher, auf der Suche nach Nahrung. Er ist wie der Dachs ein Allesfresser, dem Fleischnahrung genausogut bekommt wie die überwiegend genossene Pflanzenkost. Dementsprechend ist auch sein Gebiß eingerichtet.
Für Honig haben Braunbären eine besondere Vorliebe. Mitten im Winter, meist im Januar, wirft die Bärin 1 bis 3 spanngroße, recht unentwickelte Junge in ihrer Überwinterungshöhle. Das Vatertier wird nicht in die Wochenstube hineingelassen, weil es sich an den eigenen Jungen vergreifen könnte. Die Jungen

Braunbär

sind etwa 4 Wochen lang blind, ziemlich unbeholfen und verlassen die Höhle erst nach drei Monaten zum ersten Mal. Ungünstige Winterzeiten verbringt der Braunbär in langdauerndem Normalschlaf in seiner Höhle, wobei er zwischendurch immer wieder erwacht: Er ist ein Winterruher. Junge Braunbären lassen sich leicht zähmen und zu Kunststücken abrichten. Im allgemeinen ist der Braunbär gutmütig und geht dem Menschen aus dem Wege. Wird er aber gereizt oder verwundet, so wird er zum gefährlichen Angreifer.

Stichwortkette: Braunbär – Bayern – Mensch – Nord-Ost-Südeuropa – Pyrenäen – Tag-Schläfer – Dämmerung – Revier – Nahrung – Allesfresser – Gebiß – Honig – Winter – Junge (1 bis 3) – 4 Wochen blind – 3 Monate Höhle – Winterschläfer – Kunststücke – gutmütig – gefährlich

Meine Zeichnung: In meiner Zeichnung kannst du übrigens schon vieles finden, was in dem Text geschrieben steht. Zum Beispiel siehst du, was die Bären essen oder wieviele Junge es sind. Du siehst auch, daß sie in Höhlen leben und daß sie diese Höhle erst nach *drei Monaten* verlassen, denn eins der Jungen schnuppert sofort an einem *dreiblättrigen Kleeblatt.* Die *Lederhosen,* die alle drei tragen, sollen dich an *Bayern* erinnern, wo vor über hundert Jahren die letzten deutschen Braunbären erlegt wurden. Daß sie 4 Wochen blind sind, siehst du an dem kleinen Bär links auf dem *Stuhl* der die Augen geschlossen hat. Du brauchst also deine eigenen Gedankenvorstellungen nur noch etwas mehr auszuschmücken, und dann fällt es dir leicht, meine Fragen zu dem Text zu beantworten.

5 Textfragen:
1. Was frißt der Braunbär?
2. Was macht er im Winter?
3. Was kannst du über die Jungen der Bärin sagen?
4. Wo gibt es heute nur noch Braunbären?
5. Warum ist er so selten geworden?

Diese fünf Fragen versuchst du, so gut wie möglich vollständig zu beantworten, am besten auf einem Blatt Papier. Danach schaust du im Text nach, ob du alles richtig hast. Das, was nicht stimmt, liest du dir noch einmal durch und stellst es dir dann richtig vor.

Ein Geschichtstext: Nachdem wir das Behalten bei Biologietexten geübt haben, kommt jetzt zur Abwechslung ein Geschichtstext dran. Dieser Text handelt von einem Mann, der die *versunkene Stadt Troja* ausgegraben hat. Diese Geschichte sollst du dir auch wieder einprägen und dir dabei etwas vorstellen. Wenn dir der Text schwerfällt, dann schreibst du eine *Stichwortkette* auf. Wenn er für dich leicht ist, dann genügt es, wenn du ihn dir nur einmal durchliest. Anschließend versuchst du dann, meine fünf Fragen zu beantworten. Natürlich mußt du dir auch alle *Namen und Fremdwörter einprägen,* und was du dir dabei am besten vorstellst, das hast du ja schon oft geübt. (Einfache Zahlen stellst du dir bei allen Texten immer mit unseren Zahlensymbolen vor.)

Übung 45:

Heinrich Schliemann
hat schon als Kind die Sagen von Troja gelesen und den Plan gefaßt, später diese Stadt zu finden. Jedoch mit 14 Jahren mußte er die Schule verlassen, weil sein Vater gestorben war. Er wurde Kaufmannslehrling. Mit unerschütterlichem Fleiß arbeitete er sich empor, und mit 46 Jahren zog er sich aus dem Geschäftsleben zurück, um seinen Plan zu verwirklichen. Er besuchte noch einmal die Schule, studierte und legte das Doktorexamen ab. Dann konnte er endlich beginnen. Da Schliemann auf Grund der alten Berichte der Meinung war, daß der Kampf um Troja sich auf dem Hügel Hissarlik an der Nordwestküste Kleinasiens zugetragen haben könne, begann er dort 1870 zu forschen. Nach vergeblichen Versuchen bei seinen Grabungen stieß er auf Mauern mehrerer Städte aus verschiedenen Zeiten, die übereinander-

lagen, von denen also immer die untere die ältere sein mußte. Mächtige Mauern, aus gewaltigen Steinen ohne Mörtel zusammengefügt (kyklopische Mauern), zeigten Brandspuren und mußten aus der Zeit des Trojanischen Krieges stammen.

Troja – Ausgrabungen

Nach Schliemann ist noch viele Jahre in Troja gegraben worden. Neun Siedlungen, eine über der anderen, hat man freigelegt, und heute nimmt man allgemein an, daß es, von unten gerechnet, die siebente dieser Städte war, die von den Griechen zerstört wurde.

Das Bild, das ich dazu gezeichnet habe, zeigt *Schliemann* bei seinen Ausgrabungen. Aber du mußt dir natürlich *noch viel mehr vorstellen,* um den Text zu behalten.

5 Textfragen:

1. Was hat Schliemann ausgegraben?
2. An welcher Nordwestküste hat er gegraben?
3. Wie viele Städte untereinander hat man gefunden?
4. Von wem ist Troja zerstört worden?
5. Warum mußte Schliemann mit 14 Jahren die Schule verlassen?

Du schreibst deine Antworten bitte wieder auf und vergleichst dann in deinem Text. Wenn etwas falsch ist, dann stellst du es dir wieder neu vor, denn dadurch übst du dein Gedächtnis für Texte sehr gut.

Die Memory-Spiele: Soll ich dir verraten wie du immer gegen deine Freunde beim Memory-Spielen gewinnen kannst? Du glaubst nicht, wie einfach das ist! Jedesmal, wenn du dir eine Karte merken mußt, *dann stellst du sie dir an dem Platz vor,* wo sie liegt. Nehmen wir einmal an, du deckst ein *Auto* genau in der Mitte auf. Dann mußt du dir vorstellen, wie das Auto an dieser Stelle genau in der Mitte immer im Kreis herumfährt. Oder rechts von dir wird ein *Baum* aufgedeckt. Dann stellst du dir vor, wie wieder genau an dieser Stelle rechts von dir der Baum gefällt wird. Du wirst sehen, dadurch bist du in der Lage, dir tatsächlich alle Bilder schnell einzuprägen.
Und da wir gerade bei Spielen sind, machen wir wieder ein Spiel mit Zahlen. In der Übung 46 habe ich die Zahlen von 1 bis 43 in durcheinandergewürfelter Reihenfolge aufgeschrieben. Du sollst sie in

der Reihenfolge 1, 2, 3 bis 43 zählen. Das versuchst du natürlich so schnell wie möglich, und wenn du etwas übst, dann schaffst du diese Übung in fast *1 1/2 Minuten.*

Übung 46:

Nicht jeder mag gerne Erdkunde: Na, machen dir meine Texte Spaß oder findest du sie langweilig? Ich selbst finde sie manchmal langweilig und manchmal spannend, das kommt bei mir nämlich darauf an, ob es Geschichte, Biologie oder sonst was ist. Dir geht es sicher genauso, nicht wahr? Welches Fach hast du denn am liebsten? Ich rate besser nicht, denn es würde wahrscheinlich schiefgehen, weil ich dich

ja soooo gut auch nicht kenne. Ich habe dir bestimmt noch nicht gesagt, was du mit Nacherzählungen machen mußt, wenn du sie im Unterricht behalten sollst. Deswegen werde ich das an dieser Stelle noch nachholen.
Nacherzählungen sind genau wie Geschichte und Erdkunde auch Texte, die du dir vorstellen kannst. Du brauchst dir deshalb nur die Nacherzählung vorzustellen, während der Lehrer sie liest. Wenn du dabei die Augen schließt, kannst du diesen Text sehr leicht wiedererzählen. Ich weiß, manchmal ist es natürlich doch nicht so leicht, besonders dann, wenn man vor einer Klassenarbeit nervös ist und einen dicken Kloß im Hals hat.
Aber jetzt zu einem Erdkundetext. Ich habe etwas gefunden, wo beschrieben wird, wie eine *Koralleninsel* im Meer entsteht. Du liest dir den Text wieder durch und benutzt einen unserer beiden Tricks, um ihn dir vorzustellen. *Mein Bild hilft* dir vielleicht etwas dabei, und es fällt dir dann sicher leicht, meine fünf Fragen zu beantworten.

Übung 47:

Wie Koralleninseln entstehen
Fast alles Land in den tropischen Breiten des Stillen Ozeans ist von einem Kranz von Korallenriffen umgeben, die ein Saum- oder Strandriff bilden. Sinkt das Land ab oder steigt der Meeresspiegel an, so wachsen die Tiere in dem steigenden Wasser in die Höhe. Dadurch entsteht allmählich in einiger Entfernung von dem immer kleiner werdenden Land ein Wallriff. Verschwindet das Land vollständig unter dem Meeresspiegel, so bleibt nur noch ein »Atoll« übrig: ein Kranz von Korallenbauten, der das ruhige Wasser

einer Lagune umschließt. Weißschäumend bricht sich die Brandung am Riff, reißt immer wieder Teile der Bauten los und häuft sie am Strand auf. Dort wächst die Kokospalme; Mangrovengestrüpp säumt dagegen die Innenseiten der Korallenriffe. Die Korallenriffe sind eine Gefahr für die Schiffahrt. In Nordostaustralien schließen sie das Festland auf 2000 km vom offenen Ozean ab.

Korallenriff Atoll

Das Wasser ist nur 20 bis 45 m tief zwischen dem Riff und dem Festland.

5 Textfragen:

1. Wie nennt man das Riff, das die Korallenriffe am Strand bilden?
2. Was ist das für ein Material, aus dem solche Riffe bestehen?
3. Wie nennt sich das Riff, das durch steigendes Wasser entsteht?
4. Kann das eingekreiste Land unter dem Meeresspiegel verschwinden?

5. Wie bezeichnet man das Gestrüpp auf der Innenseite der Riffe?

Im Text schaust du wieder nach, ob alles richtig ist.

Noch ein Wörterspiel: Du kannst dich bestimmt noch daran erinnern, daß du Wörter rückwärts aufrufen solltest. Das gleiche machen wir jetzt wieder, diesmal aber mit solchen Wörtern, die ich dir gebe. Laß dir jedes der folgenden 25 Wörter vorlesen und versuche, sie so schnell wie möglich rückwärts zu nennen.

Übung 48:
25 Wörter, die du rückwärts aufrufst
(sch, ck und tz werden rückwärts und vorwärts gleich gesprochen)

Jeder	aufregen	niedrig	Nebel
Überraschung	Taube	laut	Blatt
Schüler	Ofen	Gewitter	reparieren
stehen	Besuch	fliegen	Wein
war	schreiben	gestern	schauen
dick	Locke	Stroh	Ecke
Butter			

Unser letzter Text: Wir haben schon drei Texte besprochen und uns vorgestellt. Aber ich finde, keiner war eigentlich so richtig schwierig, daß dir der »Kopf geraucht« hat. Deshalb habe ich dir einen Text über die *Bakterien* herausgesucht, bei dem du dir auch einige Fremdwörter einprägen mußt. Vielleicht sagst du jetzt: »Mensch, so eine Paukerei!« Aber viele andere in deinem Alter haben mir gesagt: »Endlich mal was, wo ich zeigen kann, wie gut ich schon behalten kann. Das ist wenigstens kein Kram für kleine

Kinder.« Und *nur was für kleine Kinder* soll das Buch ja auch nicht sein, denn sonst lachen alle über mich. Wenn du dir den Text über die Bakterien einprägst, dann ist es besser, wenn du diesmal *auf jeden Fall* Stichwörter herausschreibst, die du dir vorstellst und einprägst. Du kannst meine Wörter nehmen, wenn du willst, oder welche, die du ganz alleine gefunden hast (was natürlich viel schwerer, aber auch besser ist). Dann, wenn du dir alles vorgestellt hast und auch die Fremdwörter im Kopf hast, beantwortest du wieder meine Fragen. Mein Bild, das ich dafür gezeichnet habe, zeigt dir, was du dir unter den Bakterien vorstellen kannst, *es zeigt dir aber nicht*, was du dir bei den Fremdwörtern vorstellen mußt, denn die mußt du ja erst noch verwandeln, damit sie in ein Bild passen. Schlag noch mal nach in Kapitel 6, falls du es nicht mehr so genau weißt.
Ich wünsche dir bei dieser Aufgabe viel Spaß und ein gutes Gedächtnis, damit dein Ergebnis sehr gut wird.

Übung 49:

Bakterien
Bakterien sind als Krankheitserreger gefürchtet. Darüber hinaus spielen sie in der Natur beim Kreislauf der Stoffe eine wichtige Rolle. Trotz ihrer Bedeutung kennen die meisten Menschen die Bakterien nicht, da man sie nur bei starker Vergrößerung durch ein Mikroskop sehen kann.

Bau: Bakterien sind meist einzellige Lebewesen. Die Zellen sind von einer zarten Haut umschlossen und besitzen kein Blattgrün. Ein Zellkern ist nicht zu erkennen. Nach der Zellform kann man Bakterien unter-

Bakterien

teilen. Kugelförmige Bakterien heißen KUGELBAKTERIEN oder KOKKEN und, falls sie zu Ketten vereinigt sind, STREPTOKOKKEN. Auch zu traubigen Gebilden können sie sich zusammenschließen (STAPHYLOKOKKEN). Häufig weisen die Bakterien die Form eines Stäbchens auf, wovon sie ihren Namen bekommen haben (bakteria, griech. = Stab). Manche Stäbchen heißen auch Bazillen (bacillum, lat. = Stäbchen). SPIRILLEN sind schraubenförmig gewundene Bakterien. Solche, die nur leicht gekrümmt sind (Teil einer Schraubenwindung), heißen KOMMABAKTERIEN (Vibrionen). Vielfach tragen Bakterien Geißeln und sind dann beweglich. Alle Bakterien sind klein. KOKKEN haben zum Beispiel einen Durchmesser von durchschnittlich 1/1000 mm.

Wortkette: Bakterie – Einzeller – Zelle – Haut – Blattgrün – Form Kugelbakterien – KOKKEN – Kugelbakterienkette STREPTOKOKKEN – Bakterientraube STAPHYLOKOKKEN –

Stäbchenform BAZILLEN – Schraubenform SPIRILLEN – Teil einer Schraubenwindung KOMMABAKTERIEN – Bakterien klein – mit Geißel beweglich

5 Textfragen:

1. Wie heißen die traubigen und kettenförmigen Gebilde?
2. Was für Lebewesen sind Bakterien?
3. Welche Form hat eine Spirille?
4. Wie heißen die kugelförmigen Bakterien?
5. Wodurch sind Bakterien beweglich?

Was ich mir vorstelle: »Mensch, ist der Fritz dumm, der kann ja gar nicht richtig erklären. Bei allen anderen Übungen hat er mir immer verraten, was er sich selber vorstellt, nur bei den Texten hat er gar nichts gesagt. Vielleicht kann er das überhaupt nicht und will das bloß nicht zugeben!«
Vielleicht hast du so etwas Ähnliches gedacht, als du versucht hast, die vier Texte zu behalten. Und das stimmt ja auch, ich habe dir bei keinem Text erzählt, was ich mir vorstelle. Aber nicht, weil ich das nicht kann, sondern ich habe mir gedacht, das ist bestimmt so einfach, daß du das allein kannst. Aber dann habe ich mir das alles doch noch mal überlegt und mir gesagt: »Der letzte Text ist *doch* so schwer, daß ich dir meine Bilder einmal erzählen werde.«
Als ich mir den Text eingeprägt habe, da habe ich mir das Bild vorgestellt, das ich für dich gezeichnet habe. Doch das genügt natürlich nicht, deshalb habe ich mir vorgestellt, wie kleine Bakterien in einen Menschen eindringen und ihn *krank machen*, denn sie sind ja als *Krankheitserreger* gefürchtet. Ich habe mir dann ausgemalt, wie sie im Körper des Menschen

auf *alles aufpassen*, also eine *wichtige Rolle* spielen. Dann taten mir die Augen weh, weil ich die Bakterien ohne *Mikroskop* eigentlich gar nicht sehen konnte, ich mußte sie erst einmal darunter legen und *vergrößern*.
Als dann in dem Text der *Bau* der Bakterien beschrieben wurde, habe ich gesehen, wie sie aus einer *runden Zelle* bestehen, die von einer *Haut* umschlossen ist, und *keinen einzigen grünen Fleck* haben. Als ich meine Augen anstrengte, konnte ich *keinen Zellkern* sehen.
Auf diese Weise habe ich mir den ganzen Text vorgestellt, den ich gar nicht schwierig fand. Nur bei den fremden Wörtern mußte ich meinen Kopf etwas anstrengen, aber das ging dann auch ganz gut, denn für den Namen *Kokken* habe ich das Wort *gucken* genommen und mir vorgestellt, wie mich die *Kokken* mit ihren *runden Körpern* ganz streng *angucken*. Die *Streptokokken* waren eine *Kette von Kokken*, die durch die *Steppe* irren und nach dem Weg *gucken*. Bei *Spirillen* habe ich an *Spiralen* gedacht, die ich mir gut vorstellen konnte.
Siehst du, so einfach geht das mit diesem Text, wenn du ihn behalten willst, und alle Texte, die in deinen Schulbüchern stehen, kannst du genauso behalten, du mußt es nur versuchen.

Übersicht

Damit du auch das letzte Kapitel noch gut verstanden hast, stelle ich dir zum letzten Male (bei dem Gedanken werde ich ein bißchen traurig) meine fünf Fragen.

5 Fragen:

1. Zwei Dinge mußt du dir bei Gedichten vorstellen, welche?

2. Wie behältst du leichte Texte?
3. Wie behältst du schwierige Texte?
4. Wie behältst du die Namen und fremden Wörter in einem Text?
5. Welche Konzentrationsübungen hast du gemacht?

Hier die fünf Antworten:

1. Ich stelle mir den Inhalt der Gedichte vor und die Reimwörter in einer Kette.
2. Leichte Texte lese ich mir einmal durch und stelle mir den Inhalt vor.
3. Zusätzlich zum ersten Durchlesen schreibe ich mir noch Stichwörter als Kette heraus und stelle sie mir auch vor.
4. Ich wandle die Namen und fremden Wörter ab und stelle mir das Ersatzwort dann vor.
5. Ich habe wieder Zahlen von 1 bis 43 in der Reihenfolge gesucht und Wörter rückwärts aufgerufen.

Das Buch geht nun zu Ende: Mir fällt jetzt nichts mehr ein, was ich dir noch erzählen könnte, deshalb ist das Buch auch zu Ende. Ich möchte dir zum Abschluß noch einen guten Rat geben, den ich ganz ernst meine. Versuche immer, alles das, was du in diesem Buch gelernt hast, so oft wie möglich in der Schule anzuwenden. Du wirst sehr bald sehen, daß du dadurch immer besser wirst und dir die Schule sehr leicht fällt. Es dauert dann auch nicht mehr lange, dann bist du so gut wie ich.
Also, auf Wiedersehen, vielleicht sehen wir uns einmal in einem anderen Buch wieder.

Dein Fritz

Das Buch ist nun zu Ende

Ich hoffe, daß du in diesem Buch viel gelernt hast und nun ein sehr gutes Gedächtnis bekommen hast. Wenn dir das Buch darüber hinaus auch noch Spaß gemacht hat, dann freut mich das besonders, denn gerade das habe ich versucht, damit du nicht sagst: »Mensch, das ist ja schon wieder was aus der Schule, was ich pauken muß!«
Nun habe ich mir auch noch etwas für dich ausgedacht: Du kannst mir, wenn du Lust hast, mit einer Postkarte so wie auf der nächsten Seite einmal schreiben, ob dir das Buch gefallen hat, und ob du immer alles *gut verstehen* konntest. Oder vielleicht schreiben deine Eltern oder dein Lehrer mir diese Postkarte, damit ich weiß, was sie von diesem Buch halten.
Mich interessiert auch, ob dir das Buch schon geholfen hat und in welchen Fächern.
Am besten setzt du dich mit deinen Eltern oder deinem Lehrer einmal zusammen und schreibst mir. Ich werde alle eure Angaben sammeln und aufschreiben. Vielen Dank und auf Wiedersehen.

Euer Fritz

Absender: ____________

Name: ____________

Beruf: ____________

Adresse: ____________

40 Pfg

An den »Fritz«
Institut für Leistungs-
training Günther Beyer

506 Bensberg

Overather Str. 75a

Quellen:

Für die Texte und das Gedicht in diesem Buch habe ich auf folgende Quellen zurückgegriffen:

Das Tier, Band 1, Ernst Klett Verlag, Stuttgart, S. 132
Die sieben Ähren, Pädagogischer Verlag Schwann, Düsseldorf, S. 150
Das Tier, Band 1, Ernst Klett Verlag, Stuttgart, S. 114–115
Menschen in ihrer Zeit 1, Im Altertum und frühen Mittelalter, Ernst Klett Verlag, Stuttgart, S. 27
Geografie, Ernst Klett Verlag, Stuttgart
Die Pflanze, Band 2, Ernst Klett Verlag, Stuttgart, S. 128

Der Inhalt und die Erfahrungen zu dem vorliegenden Buch beruhen zum großen Teil auf zwei Büchern, die ich für Erwachsene geschrieben habe.

Beyer, Günther, »Gedächtnisschulung in 12 Lektionen« 120 Seiten, Heider-Verlag Bergisch Gladbach 1971

Beyer, Günther, »Gedächtnis- und Konzentrationstraining« 225 Seiten, Econ Verlag Düsseldorf/Wien 1974, 2. Auflage 1975

Günther Beyer

Gedächtnis- und Konzentrationstraining

Ein Lehrbuch zum Selbststudium und für fortschrittliche Schulen
160 Seiten mit zahlreichen Abbildungen, Pappband

»Das Lehrbuch verbindet erstmals das Gedächtnistraining mit der Schulung der Konzentration. Die Kapitel sind klar aufgebaut und werden im Schwierigkeitsgrad gesteigert. Eltern und Schüler können mit diesem Selbststudium eine treffliche Basis schaffen, ihren Horizont zu erweitern.«

Rheinische Post

»Das Buch gibt eine Einführung in die Hintergründe der einzelnen Trainingstechniken und zeigt in je 100 Übungen, wie eine Steigerung der Gedächtnisleistung erreicht werden kann.«

Arbeit und Sozialpolitik

»Hier gibt ein Experte dem Leser Übungen zur Stärkung seiner Konzentrationskraft auf, zeigt aber auch, wie man mittels eines Punktsystems seine Erfolge leicht ermitteln und kontrollieren kann.«

Der leitende Angestellte